「教科書には書いてない　相続のイロハ」の誤植について

「教科書には書いてない 相続のイロハ」（三菱ＵＦＪ信託銀行 … 読研究所刊）におきまして、112ページに誤りがあることが判明致しました。謹んでお詫び申し上げますとともに、以下の通り訂正いたしま …

JN029892

【訂正内容】（**下線部分**を訂正）

該当ページ	誤	
112 ページ	「直系尊属から教育資金の一括贈与を受けた場合の非課税制度」表における「適用期限」 令和 3 年 **12 月** 31 日	「直系尊属か … 一括贈与を受けた場 … 度」表における「適用期限」 令和 3 年 **3 月** 31 日

40176

以上

伝わる心と「3つの見える化」

教科書には書いてない
相続のイロハ

はじめに

財産に関して「管理」や「承継する」ということを考えた場合、今までもこれからも一番気を付けたいことは、「円満な家族関係の維持」ではないでしょうか。

現在、私は自分の親の財産管理に携わっています。実際、財産管理にはかなりの神経を使っています。親への説明もそうですが、兄弟に対してどのようにわかりやすくしておくかです。

家族は、ちょっとしたことで争いになり、ちょっとしたことで仲直りもします。家族関係が壊れる一番の原因は、「感情のもつれ」によるものではないでしょうか。

親《ちか》しいがゆえに言葉にしない。そのことでの誤解、考え方のすれ違いが生まれ、ほんの小さなことでも大きな波紋となり、関係断絶に至る。このような感情の対立は、我々が行っている遺言執行業務ではしばしばあります。本書は、このように難しい家族関係を、日本の社会構造が変化する中で、これからの人生100年時代にどのように考えたら良いかについて触れたいと思っています。

さて、人生100年時代の到来がもたらすものは、単に寿命が延びることだけではありません。現在の日本で起きている社会の変化にも気付く必要があります。

ここで問題になるのは、第一に「寿命と健康との関係」です。現在、「平均寿命」と、健康面で日常生活に支障を来すことのない「健康寿命」には大きな差があります。例えば2016年時点での比較で見ますと、個人差はありますが、男性で平均寿命が80・98歳なのに対し健康寿命は72・14歳と約9歳、女性で平均寿命が87・14歳に対し健康寿命が74・79歳と約12歳、健康寿命が短くなっています。

このように、加齢により身体能力や認知機能の低下が拡大していく点には注意が必要です。しかも、長寿時代はこの低下の期間が従来よりも10年から20年も長く続くことになるため、低下が始まった後の拡大幅も大きくなると考えていいでしょう。このように身体能力や認知機能の低下に向けて本人や家族はどのように考え、備えるかが重要です。

第二の問題は、「日本の人口構成や世帯構成の変化」です。人口構成は、ご存じのように少子高齢化進展の影響から、世代間の互助関係が大きく変わり、従来に比べて少ない人数で高齢者を支える格好になっています。これは従来型の日本の社会保障制度が適用しにくくなっていることを意味します。特に療養介護については、家族だけで支えることが難しくなりました。

加えて、高齢者がいる世帯構成も、1980年には〝3世代世帯〟が全体の5割だったのに、2017年には1割程度まで減り、高齢者単独世帯と高齢者夫婦のみの世帯が合計で約6割を占めています(厚生労働省「国民生活基礎調査」)。このことは、子どもが親の健康状態を把握しにくくなっていると同時に、家族間のコミュニケーションが取りづらくなっている状況を示しています。これに対する備えの検討も必要です。

つまり、長寿時代の到来にあたって認識すべきなのは、「従来の考え方では通用しない部分が多くある」ということです。特に認知機能低下期間の長期化とそれに伴う周囲との協力体制のあり方が大きく変わるのではないでしょうか。そして、長寿時代に対応した制度や商品が今後さらに増えてくるため、専門家の活用もより重要になります。

本書では、これらの課題を①財産をコントロールしやすくする工夫、②認知機能低下時の財産管理の考え方、③資産承継で大切な想いの伝え方——の観点から整理し、「3つの見える化」という具体的な対策をご紹介したいと思います。

それにあたり、まずは従来からの相続とその問題点や解決に向けた工夫を確認することで、資産承継の本質的な課題である人間関係と、「理性よりも感情」という現実を理解し、今後もこの底流は変わることがないことを認識しながら、長寿時代の認知機能低下期間の長期化への対応や、相続発生時の資産承継のヒントとしていただけたら幸甚に存じます。

目次

巻頭対談

深田晶恵さん
ファイナンシャル・プランナー

×

小谷亨一さん
著者

長寿時代で制度や金融商品も大きく変化、家族間の相続で今一番大切なことは?

深田晶恵さん Fukata Akie

外資系電機メーカー勤務を経て、1996年にFPに転身。現在は、独立系FP会社「生活設計塾クルー」取締役。個人向けコンサルティングに加え、メディアや講演活動を通じてマネー情報を発信。利用者目線のすぐに使えるアドバイスで、幅広い年代層から支持を集めている。CFP、1級FP技能士。

本格的な長寿社会の到来で、相続を取り巻く制度や金融商品も大きく変わっている。高齢化する親の認知機能の低下など新たな課題が浮上する中で、わが家の相続をどう考えたらいいのか——。テレビや講演などで活躍中のファイナンシャル・プランナー（FP）・深田晶恵さんと本書の著者・小谷亨一さんに、ご自身の体験も絡めながら、わかりやすく具体的に話していただいた。

長寿時代に増える「８０６０相続」の問題点

深田　私はメディアの仕事も多くやっていますけれど、ＦＰとして個別相談を大切にしているんですね。生活設計のアドバイスが主眼ですが、このところ、80代以上の親御さんが亡くなり、相続でまとまったお金を手にする60歳前後の方からのご相談が何件かありました。親御さんは高金利時代の預貯金で蓄財をしていて、一方でとても堅実な暮らしをしていらしたので、結果として財産を使い切れず、それが60代の子世帯に回ってきたというケースです。

親がまとまったお金を持っていたことを知らなかったお子さんは、どうしたらいいのかわからない。特に相続する子どもが何人もいたり、逆に子どもがいなかったりすると、家族の中でトラブルが発生する可能性が高まります。今は「長男が全部もらえばいいよ」という時代ではなく、一人ひとりの子どもが権利意識を持っています。ですから、そういうときこそ、小谷さんのようなプロの相続コンサルタントの方に間に入ってもらって、後で揉めないような形でお願いするのも選択肢の1つだと思いますね。

というのも、ここ数年、小谷さんたちとお仕事をするようになって、信託銀行さんの資産承継関連のサービスはそれなりのコストがかかる半面、これだけ手取り足取りやっていただけるなら、その対価としては決して高いものではないなと考えるようになったからです。このご縁で、私の中ではいろいろ、お客さまへのアドバイスの選択肢が広がりました。

親の「認知機能低下後」をどうするか

小谷　プロを入れた方がいいというお話は正直、私もその通りだと思います。私自身も、この業務を長くやっていて状況が変わったなと思うことがあります。少し前までは、やはり親御さんが一番望んでいらっしゃるのは家族円満ということで、そのためにはどう資産承継をしていくのがいいかを中心に考えれば良かったんです。しかし最近は寿命が延びたことで、親御さんの認知機能が低下する期間が長くなりました。今は、そこの部分の手当ても欠かせません。実は私も親から財産管理の一部を依頼され、実際にやっているんです。

深田　そうなんですか。それは私も一緒です。

小谷　私には兄弟がいるんですが、私が親から預金の払い出しを依頼された場合などは、他の兄弟に確認してもらっています。そして、引き出したお金の使い道は、親と同居する兄弟が管理するという〝たすき掛けリレー〟方式になっているんです。

深田　合理的な役割分担ですね。

小谷　そうしてほしいという親の希望だったんですが、今思えば、親はちゃんと考えてくれていたんですね。結果的に兄弟と話し合う機会が増え、「最近、スーパーで使うお金がちょっと増えてきたかもしれない」とか、「じゃあ、親と相談してみよう」といった話ができるようになりました。

高齢者の自己実現はお金を使うこと？

深田　すごい！　小谷家のやり方はきっと、この本を読んでくださる方々の参考になると思います。私は夫の両親と同居する嫁の立場なんですが、90歳を超えている義父を見ていて思うのは、年をとるにつれ、車や自転車に乗れない、遠くまでは歩けないなど、できないことが次第に増えてきて、結果として、健康のためにお金を使うことが楽しみになってきた気がするんです。

近所に柔道整復院があって、義父が足しげく通っていたんですね。年間の医療費明細が届いたのでたまたま見たら、マッサージ代だけでも相当な額になっていて…。本来、マッサージは健康保険の対象外なのに、そこでは保険診療。ＦＰとしては、気になりますね（笑）。

小谷　そんなことがあったんですか。

深田　義父にはちょっと控えるようにお願いしました。〝鬼嫁〟かもしれないですね、私（笑）。

小谷　お義父さんはどういう反応をされたんですか。

深田　自営業で自分でお金を動かしていた人ですから、「若い人は3割負担なんだよな」と。ちゃんと考えてはくれているんです。結果的に利用回数はずいぶんと減りましたが、「急に行かなくなったら死んだと思われる」とか、「俺が何かしたかと思われる」と言って心配しているので、「電話がかかってきたら、元気だから回数を減らしたと言えばいいんじゃないですか」と伝えました。

仕事人間は結果ありきになりやすい

小谷 なるほど。長寿時代になると我々のように高齢の親と付き合う時間が長くなるわけで、子ども目線で言うなら、親とどう向かい合っていくかを考えることが重要になりますね。

深田 仕事をバリバリなさっている方に多いのは、親に認知症の症状が出てきたとか、片方の親が亡くなって一人が残されたといった問題が生じたとき、まずソリューションから入ることですね。解決策を決めて、後はゴールに向かって一直線。いきなり「親に家に来てもらおう！」と言われても、ちょっと待ってください、そもそも親御さんの意向は聞きましたか、奥さまに相談しましたか、お宅に親御さんのお部屋は用意できるんですか、ということになりますよね。

その点、お話し好きな奥さまなどは、無駄な話も多いかもしれませんけれど、家族の意向もしっかり聞いていらして、「こんなこと言ってたよ」と教えてくれる。コミュニケーションって、こういう感じなのかもしれませんね。

小谷　そうですよね。そこが大事なんです。無駄話の中に大事なことがたくさん落ちているんです。でも、制度や商品の問題もそうですよね。そういうプロセスを抜きにして、こうあったらいいんじゃないかという結論だけを用意している観があります。

制度や金融商品は「使い方次第」

深田　使い方次第ではないでしょうか。法定後見（成年後見）や任意後見の制度ができたときは素晴らしい制度だなと思っていたんですが、いざ蓋を開けてみるとびっくり！　中には制度が悪用されるケースもあって、安心できる制度のはずが安心できない状況になっていますよね。

小谷 私どもで「こういう制度を使いたい」というご相談を受けた際は、ひとまず制度の話は横に置いて、どんなことを考えていらっしゃるのかから話を始めます。そうすると、その方が利用されたい制度が必ずしも適しているとは限らないんですね。

深田 そうなんですよね。家族信託じゃなくて、法定後見で十分でしょうとか。

小谷 ええ。だからこそ専門家に相談して、ご自分の目的と、手段である制度をうまくマッチさせることを考えないといけない。その前提として私が特に重要だと思うのが、家族との話し合いやコミュニケーションです。親がどう考えているか、子どもはどう考えているかを相手にぶつけて、お互いの考えを理解しておく必要があります。それがベースにあって、だから「こういう制度を使おう」とか、万が一のときは「親はこう考えていたから、自分たちはこうしよう」といったところにつながっていくように思うんですね。

深田　本の中にもコミュニケーションの話が出てきますよね。私も読ませていただきましたが、一般の方にとっては知らないことばかりでしょうから、大変参考になると思います。

小谷　ちょっとした気付きを得るきっかけにしていただけたらうれしいですね。

「名義預金」への誤解

深田　本文では「名義預金」にもページを割かれていましたが、これも皆さん、あまりよく理解していらっしゃらないのではと感じています。

要は、子どもに多額の相続税を払わせるくらいだったら先に贈与しておきたい。でも無駄使いはされたくない。だから、子どもの名義で預貯金はしているけれど、子どもにそのことは知らせていない。じゃあ、いつ使ったらいいのという話ですよね。

小谷 そこなんですよ。今、相続税の税務調査ではおよそ8割のケースで申告漏れが指摘されています。その中で現金等の割合は3割程度あり、名義預金も多くが指摘されています。そういう意味では皆さん、かなり無頓着でいらっしゃるというか。

深田 ほとんどの方が、「名義さえ変えればいい」「1年に110万円以内だったらいい」と安易に考えているように思います。

私の仕事仲間に税理士さんがいるんですが、相続専門で仕事柄、税務調査に立ち会うことも多く、現場の状況を非常によくわかっているんですね。その方に、「贈与することと贈与税は違う」という名言があるんです（笑）。

小谷 おっしゃる通りです。そこは、正しい理解が必要ですね。

深田 その方に親族の案件を依頼したことがあるんですが、いろいろな面で本当に徹底されていて…。例えば、暦年贈与は「受贈者（贈与を受ける人）の給与振り込み口座に振り込んでください」と言うんです。給振口座ですから、引き出して使うことでしっかり贈与が成立するという理屈です。贈与する側からすれば、心配になるかもしれませんけれど。

小谷　無駄使いするんじゃないかと。

深田　そうそう。でも、もっと子どもや孫を信じてあげた方がいいですよね。私なら生活費の口座に振り込まれても、ちゃんとその分は除けておきますけれど（笑）。

小谷　それは深田さんだから（笑）。とはいえ、ひと言添えてあげてもいいですよね。「将来のために渡すんだから、ちゃんとよく考えて使いなさい」くらいのことを言っておけば、受け取る側も一歩引いて考える。それがあっても使う方は使ってしまうと思いますが、考える方は考えるので、言うか言わないかで全然違いますよと、お客さまにはよく申し上げています。

自分で手を動かすことでわかることがある

深田　なるほど。親戚の中に贈与や相続などに詳しい人がいたら、便利ですよね。

小谷　そうですね。

深田　でも、ほとんどの方はいませんからね。便利な人が身近にいない。

小谷　そうなると、専門家をうまく活用することが大事になりますね。

深田　商品だけでなく制度もいろいろ出てきていますから、その意味でも、専門家にお願いして、その中から何がベストなのかを判断するような時代になったんだろうなと思います。

とはいえ、専門家を活用するにしても、注意すべき点はありますよね。男性のお客さまには少々耳の痛い話になってしまうんですけれど…。

うちの事務所は金融商品や保険商品の販売は行わずアドバイスのみなので、老若男女を問わず、「あなたに向いているのはこの商品とこの商品ですから、ご自分で手続きをなさってください」とお願いしています。保険に加入するにしても、住宅ローンを借り換えるのでも、ご自分で手を動かすことでお金との付き合い方のスキルが上がるという面もあるんです。

相続でも、役所に足を運んで書類を取ってくるとか、一から始めた方が理解できることがたくさんあります。それなのに、男性の場合、全般に一切合切を奥さま任せにしてしまいがちなんですね。小谷さんのような方は別ですけれど。

小谷 自分でやるためには、自分で調べたり勉強したりする必要がありますからね。当然、スキルも上がっていきますよね。

深田　はい。ですから、シニアの男性も手間暇を惜しまず、しっかりやっていただきたいと思います。

専門家頼みでも〝ユーザー優位〟で

小谷　私も持論の1つとして、「丸投げはやめてくださいね」というのがあるんです。専門家と相談するときも、「よくわからないから、専門家に全部お任せ」というのは反対です。先ほどの話ではありませんが、丸投げすることで制度を悪用されてしまうリスクもあるわけですから。

深田　そうですよね！

小谷　ですから、ご自分でもしっかり目的意識を持ちつつ、専門家に話を聞いてもらって、提示されたプランの中から「自分に合っているのはこれだな」と選んでいただくような〝ユーザー優位の状況〟を作り出すことが大事だと思うんですね。そうしないと、本当にいろいろな商品がある中で、恣意的に特定の商品ばかりを勧めてくる相手もいるかもしれませんから。「だまされないぞ」というくらいの気構えと、最低限の知識は必要かと思いますね。

深田 同感です。

小谷 だからこそ、その辺りをニュートラルな立場からビシっとアドバイスしてくれる深田さんのような専門家の存在が、これからの時代はすごく大切になってくるのではないでしょうか。

第1章

「円満承継」＋αが求められる時代に

「資産承継」に関する考え方が大きく変わる

人生80年時代は認知機能低下期間が比較的短かったため、どちらかといえば生前の心配というより、将来の相続に向けた資産の承継中心の考えで十分でした。また、相続時の子どもの年齢も40〜50代で、子の高齢化を気にする必要もありませんでした。

さらに、資産承継における検討課題としてはいつの時代も共通するものですが、主として後継者問題や相続対策を中心とした生前贈与の活用や保険の活用などを、相続発生の直前まで親が自分で考えることが可能でした。70代であればまだまだ元気なことから、認知機能もさほど低下していなかったからです。

しかし、これからは、従来からの承継の問題に加え、認知機能の低下などを勘案した生前対策も重要な時代になってきます。

ただ、時代に関係なく資産承継において起こることは親族間の感情に絡む問題が多く、しかもその感情は生前からつながっているケースが多いことから、認知機能低下期間が長くなる時代においては、本人の意思が曖昧になる時間が長期に渡ることで今まで以上に問題が生じる可能性があります。

そこで、現在、資産承継の手法の1つである遺言に関して、その作成から相続発生後の遺言の実現まで本人（被相続人）や相続人の心情がどのようなものなのか、例を挙げて考えてみたいと思います。

亡くなる間際の「遺書」では間に合わない

遺言書というと、「まだ作る年齢じゃないよ」とおっしゃる方が多くおられます。このような方は、亡くなる間際に残す遺書をイメージしていらっしゃることも多いのではないでしょうか。

本来、遺言は、自分の財産の棚卸しをして整理し、税金面や分配内容、過去の経緯から将来への希望も含めて自分の想いを残し伝えるものと考える方が良く、元気なうちに早めに作っておきたいものです。

即ち、遺言作成で留意すべきは、いざ**遺言書を作ろうとしたとき、ご自分の認知機能は大丈夫**かということです。認知機能は徐々に衰えていくため、ご自分では気付きにくく、年を取れば取るほど遺言書など書きたくなくなるものです。そのため、もしかしたら遺言書が作れず、伝えたいことを伝えることすらできない状況になってしまうかもしれません。長寿時代には、認知機能が低下する期間も長くなりますので注意が必要です。

仮に認知機能は大丈夫だとしても、家族や専門家に相談する時間は十分取れるでしょうか。特に資産に関しては、不動産の有効利用や生前贈与など、時間をかけないとできない承継対策もあります。

「遺言＝遺書」のように考えていると、あなたの資産承継への考えや、家族に対する想いや今後のことなど、多くのことを伝えることは難しくなります。しっかり承継するためには、それなりの準備期間が必要なのです。

さらに、遺言作成時期が遅いと、「遺言を作成した時点で認知症の薬を服用していたから、その遺言は無効だ」などと主張されることがあります。このようになると、せっかく作った遺言が揉める原因になってしまいますし、遺言に込めた想いも伝わりません。〝争続〟で家族の気持ちもバラバラになってしまいます。

遺言は通常の契約締結などに必要な意思能力と比べれば低い能力でも成立しますので、認知症の薬を服用していたからといって、「能力がない」ことにはなりません。そのため、判定は非常に難しいものになります。このような事態に陥らないために、**高齢になって作成する場合は、医師の立ち会いを求めたり、公証役場で公証人に作成してもらう**ことをお勧めします。仮に裁判になった場合でも遺言能力があったと裁判官に信頼されやすく、判決で無効とされる可能性は低くなります。

資産承継のための遺言とは

資産承継をするにあたっては、例えば資産全体の現状把握を行うことが最初の一歩になります。現状把握を通じ保有資産の概算評価額を知ることで相続税の申告義務があるかどうかがわかりますし、また、検討している財産分配案がどれくらい公平なものかをつかむことが可能です。自社株を有する法人経営者の方なら、売却等が難しい自社株式の評価額を把握し、事業承継税制の活用など対策を検討するきっかけにもなります。

また、財産の評価額を認識することにより、過去に住宅資金贈与など**「生前贈与」**をした子どもや、**「生命保険」**などを利用し死亡保険金を渡す受け取り人についても考慮したうえで、相続時に財産を分配することもできます。資産承継対策ではこうした生前贈与等も含めた配慮が非常に重要であり、争いを避けるための工夫になるとも言えます。

私たちは「**遺言執行者**」の立場で多くの遺言開示の場に立ち会っていますが、その際、相続人に対する配慮が見える遺言とそうでない遺言とでは大きな差が出ます。配慮のない遺言は、開示をしている間にみるみる相続人の顔色が真っ赤に変わったり、泣き出されたり、その後、関係悪化が避けられない状況になります。

これに対し、配慮されている遺言の場合は、故人の気持ちを汲んで家族がまとまり、故人に感謝をして遺言の実現を目指すような団結につながります。**家族への気遣いの気持ちを伝えることは非常に難しくはありますが、とても大切**です。

伝えたいことと伝わること

よく、「うちは法定相続分で分けるから大丈夫」とか「うちは仲がいいし、普段から言ってあるから大丈夫」とおっしゃる方がおられます。でも、本当に大丈夫でしょうか。承継する財産には、いろいろなものがあります。不動産に金融資産、同じ金融資産でも預貯金や株式、投資信託などさまざまです。

預貯金だけであれば、法定相続分で分けることも簡単にできると思います。しかし、不動産はどうでしょう。「共有にすればいいよ」と簡単に考えないでください。それこそ、相続人の仲がいいうちは良いですが、仲が悪くなったり、「売りたい」「売りたくない」など意見が分かれたりすると大変です。

子や孫の代になると共有者の人数が増えて関係が希薄化してしまい、意見の違いがより大きく出るなど、さらに面倒な

法定相続人とその相続分

法定相続人		相続分
子どもがいる場合	配偶者	1/2
	子ども	1/2を人数割
子どもがいなくて父母は健在な場合	配偶者	2/3
	父母	1/3を人数割
子ども・父母共にいない場合	配偶者	3/4
	兄弟姉妹	1/4を人数割

代襲相続

被相続人の死亡以前に、相続人となるべき子ども・兄弟姉妹が死亡しているときは、その子ども(孫)・兄弟姉妹の子ども(甥・姪)が代わって相続することができます。

ことになりますので、共有にする場合はよく考えて決める必要があります。

株も同様で、どの株を相続したいか相続人間で意見が分散されていればいいのですが、皆が「同じ株が欲しい」となると揉める原因となります。つまり、**財産の種類によってそれぞれ〝厄介ごと〟がある**のです。

だからこそ、いろいろな意味で、**自分の意思を相続人にはっきり伝えることは重要**です。といっても、言葉だけではダメです。言葉は、親子兄弟といえども受け取る人によって解釈が分かれる可能性があるからです。

気の優しいお子さまなどは、言いたいことが言えず、我慢することにもなりかねません。そのような事態を望まないなら、「誰に何を相続させるか」を遺言のような文章にし、必ずその理由を添えましょう。理由があることで、「なぜ、そのように分けたいのか」という気持ちが可視化できます。これが〝**伝わること**〟につながります。故人の気持ちが伝わらず、残された者同士が言い争いになると、実際に相続以降、音信不通となるご家族が結構いらっしゃるのです。

遺言執行業務から気付くこと

私ども信託銀行には「**遺言信託**」という業務があります。遺言書をお預かりし、お客さまに万が一のことがあったとき、遺言書に沿った資産承継のお手伝いを執行者として行うのです。その数は当社で年間1000件以上に上ります。業務の際、遺された配偶者の方がよくおっしゃっていたのが、「**子どもがケンカをしなくて良かった。遺言を書いてくれた天国の夫に感謝する**」ということでした。

子どもたちが遺産をめぐって争う姿は親として見るに堪えませんし、争わないとしても、将来に禍根を残すことをとても心配していらっしゃるのでしょう。

親といえども、相続争いが起こったとき割って入るのはなかなか難しいものです。どちらかの味方をすることが、仲違いの助長につながるケースも多いようです。

遺された配偶者の願いは、「連れ合いに先立たれ、これからは子どもたちと残りの人生を穏やかに過ごしていきたい」ということでしょう。これからの長寿時代には認知機能の低下期間が長くなることを考えると、子どもたちに世話になることも多くなります。そんなとき仲違いをしていたら、どのように子に頼るか気を揉むことになります。

「そうなったら、施設に入って専門家に任せる。できるだけ子どもの世話にはならない」と考えている方もいらっしゃるでしょう。**専門家のサポートは非常に有用ですが、それでも、家族のサポートは全く質の違うもの**であることはお気付きと思います。

遺言書における付言の効果は侮れない

さて、ここで1つ、申し上げておきたいことがあります。子どもにとって親の存在は大きく、その言葉も特別だということです。普段はケンカばかりしている親子でも、いざ相続が発生したときは、親の気持ちを尊重するケースが多いと感じています。

遺言書では、最後に遺言者の言葉を添える「**付言**」と言われるものがあります。遺言書の本文とは違い**法的効果はありませんが、遺された方々の心情に訴える効果は非常に大きい部分**です。必ず記載することをお勧めしています。

付言を活用し、遺された配偶者や子どもへの感謝や今後の生活のことなどを記載することで、遺族に故人の気持ちを尊重しようという気持ちが芽生えます。

ここに一例を記載します。

「私はまだまだ元気ではありますが、万一のことがあった場合に備え、皆に私の気持ちを残したいと思い、遺言を作成しておくことにしました。今まで明るく私を支えてくれた妻には感謝してもしきれない気持ちです。私の財産は妻に大部分を遺す形になりますが、一番に考えたことは妻の生活と、この広い自宅をどのように承継するかです。長男に不動産をすべて任せることも考えましたが、この広い土地を長男一人が維持をしていくことも大変だろうと考え、妻としました。妻とも相談し、妻の相続のときに、兄妹に不動産を分筆して相続させることとしました。どうか私の思いを汲み、私亡き後、兄妹争うことなく、妻を支えて家族仲良く生きてほしいと思います。無事にこの日を迎え、役目を終えることができました。これまでの人生は、すばらしい家族に恵まれ、親族、友人、知人の温かい支援と交際の賜物です。今まで本当にありがとうございました。」

いかがでしょうか。「普段から子どもたちに、よく言ってあるから大丈夫」というケースとは、効果が全然違うことをご理解いただけるかと思います。このように文章にすると、言葉での伝達とは表現の仕方も変わりますし、言葉では照れてしまうこともしっかり伝えられるものなのです。それゆえ、遺言書などに付言が記載されていると、受ける側にもその気持ちが浸透します。「遺言までは」と思う方は、エンディングノートや日記のようなものでも構いません。資産を承継してもらうとき、これがあるとないとでは大きな違いがあります。やはり、**人間は気持ちに左右される生き物**なのです。

財産分配と親への期待

相続のことを考えるとき、親は「自分の財産であり、自分の望むように分けたい」と考えるかもしれません。ある意味当然であり、法律的にも遺言は自由に書くことができます。ただ、考えてみてください。本当に自分一人で築いた財産といえるでしょうか。中には「**家族の支えがあったからこそ築けた**」財産もあるのではないでしょうか。

遺留分とは

- 相続人が当然取得できるものとして、民法が定める最低限度の相続分を言います。
- 兄弟姉妹には遺留分はありません。

遺留分権利者		それぞれの遺留分 配偶者	子ども	父母
相続人の構成	配偶者のみ	1/2		
	子どものみ		1/2	
	父母（直系尊属）のみ			1/3
	配偶者と子ども	1/4	1/4	
	配偶者と父母	1/3		1/6

計算例	
配偶者と子ども	配偶者 1/2 × 1/2 子ども 1/2 × 1/2
配偶者と父母	配偶者 2/3 × 1/2 父母 1/3 × 1/2

相続では、しばしば想いの違いが争いの発端になります。

民法では「**遺留分**」という考えがあります。これは、**相続人が相続財産の中で最低限受け取れる相続分**のことです。民法で遺留分が定められている理由は、相続人の「**生活保障**」と「**相続への期待**」です。この相続への期待が想いの違いを生むので、この観点からも財産の分配を考えることは重要です。

遺留分は、一般的に「**縦**」にあり「**横**」にないといわれます。つまり、親子関係のように縦（直系）の場合は発生し、兄弟姉妹相続のように横（傍系）の場合は発生しないというものです。詳しくは前ページの表をご参照ください。配偶者は、常に遺留分を有しています。遺留分を侵害された相続人は、受遺者（遺贈により相続財産を譲り受けた人）に対し金銭を請求することができます。

療養介護などの寄与者の想い

療養介護などをしてくれた者には、配慮し、報いることを検討しましょう。例えば、近くに住んで一生懸命介護をしてくれた子どもと、遠地にいてあまり介護をしてくれなかった子どもがいる場合でも、子どもが親の面倒を見るのは扶養義務があるため当然とされ、遺言がない場合の遺産分割における相続分は原則として平等とされてしまいます。

例外として、民法では「**寄与分**」と言う考えがあり、「**相続人が亡くなられた方の療養介護や事業等において財産の維持・増加に特別に寄与した場合に、遺言がない場合の遺産分割において、法定相続分より多い割合を求めることができる**」とされています。具体的には、家業の手伝いを無償で行う、不動産の管理等を管理会社の代わりに無償で行う、療養介護をヘルパーの代わりに無償で行うといったケースがそれにあたります。

しかし、遺言がある場合は寄与分の問題は発生しないため、療養介護をしていた子どもは遺言内に寄与に関する配慮がないと不満に思うかもしれません。

介護した子どもが「寄与分」として法定相続分より多く取得できるのは、その介護した子ども（相続人）のおかげでヘルパーなどを雇う費用が免れた場合になりますので、**遺言などにより介護してくれた子どもに報いておく**ことをお勧めします。

これからの長寿時代は、例えば長男の嫁など、相続人以外の親族に療養介護をしてもらう可能性が高くなるでしょう。2018年民法改正で相続人以外の親族も無償で療養介護し、被相続人の財産の維持・増加に特別に寄与した場合、相続人に対し、「特別寄与料」として金銭を請求できるようになりました。この場合は、「（相続人に）相続させる」旨の遺言があっても親族は相続人に対し金銭を請求できるので、遺言を書いても、相続人が特別寄与料を請求される可能性があります。

一方、介護した親族としても、法律上可能になったとはいえ、「今後の関係を考えると請求しにくい」とか、いざ請求するとなると金額面で折り合わず、親族間でギクシャクするケースが予想されます。このような想いの違いによる歪みを生じさせないよう元気なうちに配慮できるなら、**家族円満のためにも遺言や保険、信託などを活用し、「介護してくれた親族に報いる」**ことも考えた方が良いでしょう。

Mr. KOTANI's SOLUTION

〝争続〟にしないためには、遺された家族にしっかり自分の気持ちを伝えることが大切です。遺言を書く場合は付言事項をうまく活用しましょう。

付言の役割と記載する際のポイント

付言は「万能薬ではないが、常備薬である（一定の効果はある）」と言われます。

相続ではどうしても、皆が公平にならないものです。たとえ金額的な価値は同じでも、相続する財産の中身は違うため、厳密な意味で公平にはならないのです。不動産を想像していただければ、わかりやすいと思います。相続する方がその不動産をどのように利用したいか、具体的には自宅として使うのか、賃貸に出すのかなどによって、価値判断の基準は違ってきます。そのため、親の希望を示すために遺言を利用することになります。

遺言を作る場合、どうしても「第1条〇〇」「第2条〇〇」のように条文調になることから、財産の配分にしても余計なことを記載せず、「こう分ける」としか書きません。しかしながら、その行間には多くの想いが詰まっています。

このようなことから、遺言を活用して財産を配分する場合は、付言に「なぜそのように考えたか」を記載しておくことが大事になります。

記載の際のポイントとしては、相続は今までの家族関係を振り返る機会となるため、感謝の気持ちと家族等への希望を一緒に記載する、そして分配の理由を添えることです。誰かを感情的に非難するような言葉は避けましょう。

相続後も発生する財産への注意点の例

不動産の売却で譲渡益が発生することも

相続した不動産等を相続後に売却したとき、譲渡益が発生することがあります。相続により取得した不動産は長期に渡って保有していたものが多く、取得時より相続時の価格が上昇している可能性があります。

その場合、譲渡に伴う利益は「譲渡所得」として確定申告し、所得税や住民税等を納付しなければなりません。

不動産の譲渡所得は分離課税になりますが、その分、その年の所得金額が上昇するため、国民健康保険・後期高齢者医療保険・介護保険の加入者は翌年の保険料が増える可能性があり、注意が必要です。これらの制度は所得割（所得に応じて保険料を負担すること）の算定基準が定められていて、その影響を受けるからです。特に高齢者の場合、一時的に医療費（介護保険サービス）の自己負担が1割から2～3割に増えることもあります。

第2章

親族間承継がこじれる理由

「仲がいいから大丈夫」は幻想

分配に対する気遣いが引き起こすこと

「**相続における親子関係は、隣国との関係に似ている**」。そんなふうに感じています。相続は、理性と感情が交錯する世界です。親子といえども相性があり、親からも子どもからも、合う・合わないといった話はよく聞きます。「自分に似ている子とは合わない」といった類の話です。

相続で財産分配を行うにあたり、親があえて「子どもたちに公平に」と考えたとしても、親と相性の良い子なら「なんで？　私の方が多いと思ったのに」と不満に思うこともあるでしょうし、逆に相性のあまり良くない子は「公平に扱ってくれたんだ！」と好意的に受け取るかもしれません。

感情が入ることにより、物事の捉え方は違ってきます。兄弟間で差を付けたときも、親が思うのとは裏返しの反応が生じたりします。

事業を承継する場合などは、後継者以外の方は頭では納得していても、気持ちでは納得できない部分があるものです。それは、ある意味自然なことです。

このように、**相続は感情の影響を強く受ける**ことを忘れてはいけません。「うちは仲がいいから大丈夫」などと考えるのは争いの素です。

その意味で、財産分配の基本としては、「**なぜそう分けるのか**」の理由を明確に伝える必要があります。「基本としては」と申し上げたのは、相続人の間での微調整により、納得感のある分配が成立することもあるからです。

微調整とはいっても、何もない中でゼロから決める場合に比べて、**基本的な考え方が伝わっている方が「親の想いの実現」と「子どもの納得感」のバランスが取れる**ことが多いのではないでしょうか。やはり、親の役割として「想いの伝達」は重要です。

一方、親が子どもに気遣ったことが相続を複雑にすることもあります。例えば、遺言を開示するときに、「それは親の意思ではない。私は違う話を聞いている」という子どもがいます。

原因は、生前の親の言動にあります。**子どもに対して、「不動産は長女にあげようと思うけど、長男であるあなたの立場もあるからね」などと曖昧に気持ちを伝えたことで誤解を招き、長男と長女で受け取り方が違う**という事態になってしまったのです。

このようなケースで、遺言の作成過程に一方の子どもだけが関わっていると、他方の子どもは「自分の都合のいいように書かせたに決まっている」と疑心暗鬼になります。

また、〝時間差〟により、子どもに違うことが伝わるケースもあります。親の気持ちが変化した場合は、そのことをしっかり子どもに伝えないと、余計にややこしいことになってしまうのです。

相続発生時には本当の気持ちを伝えられる人が亡くなっているため、相続人の間で判断するのは容易ではありません。さらに、認知機能の低下によって故人の発言が何度も真逆に変化していたりすると、一番揉める要因になります。このようなことにならないためにも、元気なうちに気持ちを文章にしておくべきです。文章には次のような効果が期待できます。

・日付が明記されることで前後関係が明確になる
・意思表示が曖昧にならない
・記載内容により認知機能の状況もわかる　　など

故人の率直な気持ちが遺言などの文章で残っていれば、相続人間の納得感を高めることもできます。

本人の意思の重要性を示す例としては、稀なケースではありますが、本人が日記に世話になった人への贈与意思を明確に書いておき、同時に贈与を受ける側もこの事実を認識していたことで、裁判により「死因贈与（自分の死を条件に、誰かに財産を贈与する契約を交わすこと）」が成立したケースもあります。ただ、本件も遺言を活用し意思表示を明確にすることで、裁判まで至らずに済んだケースと思います。

過去のわだかまりが引き起こす無用な争い

相続発生時に、過去のわだかまりが顔を出すこともよくあります。**なぜなら、相続はそれまで不満に思っていたことや我慢していたことが表面化する場**だからです。

私どもが遺言執行をしているときの話ですが、ある相続人の方からこんな話がありました。「相続人間でこの話をすると揉めごとになるから言いたくないのだけれど、正直、この遺言には納得がいかない。あの子は自動車を購入するときに父親から資金援助を受けていて、ずっと不公平だと思っていた。母も私には不公平だと言っていたのに、今回は何も言わない」。

このようなケースで私どもが危惧するのは、父親の相続でたまった不満が、母親の相続の際に爆発してしまうことです。話し合いによる遺産分割協議でも、声の大きな人の意見が通ることで我慢をしていた相続人の不満が何かの折に表出し、その後、家族断絶になってしまうことがあります。財産の多寡ではなく、こうした想いのすれ違いから〝争続〟が起きることが多いのです。

このようないさかいを避けるためには、**遺言等で財産分配を考えるにあたり、死亡保険金の受取額や生前贈与した金額に偏りがないか、財産分配のバランスは大丈夫かなどを検討すべき**です。特に生前贈与は、**子どものみならず孫に対する贈与も忘れないで**ください。

感謝の気持ちがあることで解決につながる

繰り返しになりますが、「気持ちを伝えること」が大事なのにもかかわらず、伝えるべき人は既に亡くなっているのが相続です。そのことからも、気持ちは言葉より文章にすべきです。自分がその場にいない状態で読んでもらうことを想定すると、大事なのは**「感謝の気持ち」**をどう伝えるかです。

私どもが遺言作成のお手伝いをするとき、「この子はずっと家のことを疎かにしてきたので財産はあげません」とおっしゃるような場合は、本当にそれで良いのかを確認します。なぜなら、強い拒絶はその子どもへの期待の裏返しかもしれないからです。ですから、遺言が家族の断絶につながってもいいのか確認するわけです。感情の棘によるものであれば、収まることもあります。

遺言書は、自分の気持ちを家族に伝える最後の機会です。それまでの人生を振り返り、面と向かって言いにくい感謝の気持ちや想いをつづるのが大切であり、**その言葉によって遺された家族の気持ちが和らぎ、円満に相続を考えようと思う**のです。

これからの長寿時代の相続は、身体能力や認知機能の低下などにより、家族の協力が

「教科書には書いてない　相続のイロハ」の誤植について

「教科書には書いてない 相続のイロハ」（三菱ＵＦＪ信託銀行/ＭＵＦＧ相続研究所刊）におきまして、112ページに誤りがあることが判明致しました。
謹んでお詫び申し上げますとともに、以下の通り訂正いたします。

【訂正内容】（下線部分を訂正）

該当ページ	誤	正
112ページ	「直系尊属から教育資金の一括贈与を受けた場合の非課税制度」表における「適用期限」 令和３年**12月**31日	「直系尊属から教育資金の一括贈与を受けた場合の非課税制度」表における「適用期限」 令和３年**3月**31日

40176

以上

不可欠になります。今まで以上に〝家族の結びつき〟が求められると考えます。

〝同じ〟でも〝違う〟同居親子のエピソード

子どもと同居されているお宅だと、親としては同居している子に家を相続させ、「遺された配偶者の世話も含めて任せたい」と考えるものです。ただ、一人の子に不動産を相続させると、他の子どもへの財産分配が少なくなってしまうこともあります。

ある方は「それもやむを得ない」と思い、遺言を書こうと同居している子どもに相談したところ、子どもの配偶者から反対意見が出ました。その配偶者の意見は、「相続財産に占める不動産の比重が大きいので、**財産分配でかなりの不公平が起きる。そうなると、その後の親戚付き合いに影響が出かねない**。なんとか避けられませんか」というものでした。このようなことはなかなか口に出せるものではありませんが、お気持ちはよくわかります。「**親は子のために良かれと思い、子は遺された家族のことを思い**」という図式です。このように親子が家族を思う気持ちは同じでも、方法論は違うこともあるのです。

跡継ぎへの配慮と他の兄弟への配慮

地主や事業主の方などの相談では、「跡継ぎは誰々だから、他の子は財産分配がなくても家や会社を守るために我慢をしてもらう」というお話をいただくことがあります。とはいえ、「全財産は跡継ぎの息子に。娘は資産家に嫁いだから財産は要らない」と決め付けるのはちょっと待ってください。

このようなケースでは、私どもは「一度、娘さんのお気持ちを確認しませんか？」と提案します。資産家に嫁いだ方の場合、自分の財産が少しでもあることにより肩身の狭さが和らぐという話もあるからです。親の気持ちはわかっていても、自分の立場や生活状況から相続を希望されるかもしれません。そして、**結果として財産を受け取れなかったとしても、この時点で娘さんに親の気持ちを知らせておくことが、将来の争いを避け**

ることにつながる可能性もあります。

兄弟が相続人の場合、遺言の活用が有効

親や子どもがいない場合、兄弟姉妹がいれば、兄弟姉妹が相続人となります。この場合、お互い年齢が進むにつれ、遠地にいるなどの理由から、仲のいい兄弟とあまり話さない兄弟などと濃淡が出たりします。場合によっては兄弟姉妹よりも世話になった人に渡す、または世話になった法人に寄付をするなど、さまざまなケースが想定されます。

兄弟姉妹には遺留分がないため、遺言を作成することで自由な財産分配が可能になります。そのため、兄弟以外にも世話になった人や法人に遺贈する場合は、遺言の作成をお勧めします。遺言があることで、兄弟等との遺産分割協議をせずに、資産の承継が可能になるからです。

この場合、利害関係のない専門的な遺言執行者を指定すると良いと思います。中立な遺言執行者を指定することで、遺言内容の実現に向け、執行者が粛々と手続きを進めてくれるからです。このような考え方は子どものいないご夫婦のケースも同様で、遺言がない場合、配偶者と兄弟姉妹との間での遺産分割となりますが、兄弟姉妹には遺留分がありませんので、遺言作成を行い、配偶者に対する想いと兄弟姉妹に対する想いを明確にしておく必要があります。

相続に関しては、いろいろな想いや気遣いがあります。だからこそ、**話し合いは重要**なのです。遺言は、誰にも知られずに一人で作成するとの考えもありますが、将来の家族円満を考えた場合、自分の想いと家族の想いを確認しながら内容を決めていくのも悪いことではありません。

Mr. KOTANI's
SOLUTION

承継に関して〝感情的な雪解け〟をもたらすためには、親子間といえども双方向コミュニケーションが必要であり、財産分配に対するバランスへの気遣いが大切です。

相続発生後のトラブル　明確な想いがわからなくなった遺言の例

預金を下ろし現金で保管した場合の注意点

現在、日本は「ゼロ金利」と呼ばれる状態にあり、一説にはタンス預金が推計50兆円あると言われています。これからお話しするエピソードは、そのようなお金に関するものです。

例えば遺言作成した際、遺言内の条文に金融資産の分配に関する表記があり、「次の金融機関の金融資産について、兄弟で均等に分配する」と記載されていたとします。しかし、その後に遺言記載の金融機関の定期預金に満期が到来し、それを現金化して貸金庫に入れていた場合などは厄介なことになります。

この現金は当初、「金融機関にある金融資産（定期預金）」でしたが、その後現金化されたことで、金融機関の金融資産ではなくなってしまいました。

この結果、金融資産は兄弟で均等に分配することになっていましたが、現金化され貸金庫に入れたことで、適用の条文が変わってしまう可能性があります。

そしてその変わった条文（例えば、その他財産に関する条文）の分配方法が金融機関の金融資産と違っていると各相続人の相続する金額が変わることから、争いの原因になる可能性が出てきます。

このケースでは、遺言者の意思がどこにあったかが論点となり、争いになる可能性があります。通常、その他の財産のように「残りがあればこうする」と想定する条文に多額の現金を含めるケースは稀だからです。そのため、遺言者の意思は、「現金化されていても金融機関の金融資産に含めるべき」と主張する側と、「文字通り、その他財産として分配するべき」と主張する側に分かれた争いとなります。

このケースのような争いを避けるためには、大きな財産変動が伴う場合は必ず、意思を明確に示すために遺言の見直しを検討しないといけません。

第3章

長寿時代に向けた資産管理対策

「3つの見える化」

決定的に変わる「財産管理」

長寿時代には、**「長期に渡る身体能力や認知機能低下時」の財産管理が必要**になります。認知機能はある日突然低下するというものではなく、徐々に低下していき、加齢に伴ってその低下幅が拡大します。個人差も大きく、また、認知機能すべてが低下するものでもありません。そのため、低下初期は本人も自覚がなく、また周囲も気付きにくいのです。結果として、気付いたときにはかなり進行していることも多くあります。

長寿時代の備えとしては、このようなことを認識し、自分が元気なうちにその準備を行うことが必須になります。この点が、今までと大きく変わります。認知機能が低下してからでは、財産の特定や管理が難しくなります。しかし、よくあるのが「自分だけは大丈夫」とか、「まだまだ早い」と考え、備えが遅れがちになることです。そうした話は周囲からも言い出しづらいものです。

そこで、まずは**財産を整理し、自分が管理しやすくすることから始めましょう**。そうすることで、実は周囲の親族等も管理しやすくなります。まさに「一石二鳥」というわけです。従来、このようなことはあまりクローズアップされてきませんでしたが、今後は避けて通れないことになります。つきましては、財産管理の課題について話をしていきましょう。

管理する財産の特性 ― すぐわかること、わからないこと

財産を管理するということはどのようなことか、考えてみたことがあるでしょうか。財産別に記載しますと、例えば不動産の場合、自宅であれば固定資産税は年間いくらくらいかかっているのか、引き落としはどの金融機関か、それとも納付書か、家の修繕や庭の手入れはどこに頼んでいるのか――などをわかるようにしておくことです。賃貸不動産を保有している場合は、確定申告は誰に頼んでいるか、管理会社はどこか、敷金や礼金はどのように管理しているか、入居者の契約書管理や新規契約はどのように行っ

ているか――などを、家族にもわかるようにしておく必要があるわけです。別荘など保有している場合は、契約書の管理、温泉などの権利はどのようになっているか、管理会社はどこか、場所は皆が知っているか――など、やるべきことはたくさんあります。**元気なうちは取るに足らないことでも、機能低下時を想定すると、これらの管理をしやすくしておくことが重要**になります。

金融資産については、どの銀行や証券会社と取引があるのか、そのうち年金の振り込みがある口座や生活口座として利用している口座、貯蓄や運用のために利用している金融機関はどれか――がわかるようにしたうえで、特にインターネットで取引を行っている場合はパスワードなどをノートなどに整理しておく必要があります。

長寿時代に親世代がすべき「3つの見える化」

セミナーなどで私がよくお話しさせていただくのは、「相続でお子さんや周囲の方に大変な思いをさせないためには、次の『3つの見える化』をしておいてくださいね」ということです。

「見える化」とは、元気なうちに将来への備えをしておくこと。家であれば「バリアフリーを検討する」、家の片づけなら「定期的な〝断捨離〟により整理をする」のと同じです。**身の回りの整理をすることで、自分自身にも、周囲にも、わかりやすくすることができます。**

STEP1 財産の「見える化」

その1 財産を整理する

A 不要な口座の整理です。

公共料金などの引き落としが、いろいろな金融機関になっていませんか。これを**1つ**

にまとめれば、その口座をチェックするだけで引き落とし状況や残高の確認ができます。

クレジットカードも、引き落としの口座が分散していると管理が大変です。それでなくてもカードにより引き落とし日が異なっていますので、できるだけシンプルにしておきましょう。

引き落としの口座を整理することで不要になった口座は解約します。ついでに、残高が少額で利用していない口座も解約するといいでしょう。

その際の注意点は、「残高ゼロ円」の口座も必ず整理することです。「残高がなければ大丈夫」と放置していると、いざ相続となったとき、ゼロ円口座の金融機関に対しても相続関連書類を揃えないと解約ができません。簡便な手続きといえども、手間と、場合によっては費用もかかります。

転勤が多い方が転勤先で開設した口座や、お付き合いで作成した口座などは特に注意が必要です。また、海外赴任をされていた方が海外に口座を残してきた場合は、必ず元気なうちに整理をしてください。海外の資産は、国や州によっても相続手続きが異なるため、原則、相続になると大変な手間になると考えてください。

B　カード関係の整理です。

不要なクレジットカードも整理しましょう。カードの中には年会費がかかるものもあります。**最近はカード情報が流出した事件もあり、余計なものは持たないに限ります。**キャッシュカードも同様です。不要なものは整理しましょう。失くすと紛失手続きや再発行手続きだけでも面倒ですし、費用負担が発生することもあります。

C　宝飾品や骨董品なども、保管場所を決めておくようにしましょう。

価値のある骨董品などは専門家に鑑定してもらい、評価額など記録しておいてもいいでしょう。

D　貸金庫を利用している場合は、定期的に中身の整理をしましょう。

その中で、不要になったものは廃棄しましょう。貸金庫も開扉の際、預金の計算書など、**不要なものがたくさん入っていて、重要なものを探すのに手間取ってしまうことがあります**。

遺言書を入れておく場合は、貸金庫に遺言書があることを家族に伝えておけば、貸金庫の開扉手続きを急ぐことができます。遺言書の発見が遅れると、既に遺産分割協議が完了していた場合、遺言書が優先されることから、かえって争いの素になる可能性があります。

その2 取引に関して家族に知らせておく

E 最近利用が増えているインターネットバンキング、オンライン証券、暗号資産(仮想通貨)などに関しては、その管理方法について考えておく必要があります。

なぜなら、インターネット関連取引は便利な半面、パソコンや携帯端末に情報が集約されているため、**周囲の人にとって本人がどのような取引をしていたか気付きにくく、**

相続時など財産調査に苦労したり、相続財産から漏れてしまう可能性があるからです。

交付物も電子交付になっているケースが多く、郵送物も少ないので、余計に気付きにくい形態になっています。そのため、例えば相続が発生した年にインターネットで有価証券の売買取引が行われ、大きく利益が出ていると確定申告等が必要となりますが、これに気付かず、申告漏れで追徴課税を受ける可能性もあります。

特に注意が必要なのが暗号資産（ビットコインやライトコインなどの仮想通貨）です。暗号資産は、取引があることを家族に知らせていないとほとんど気付きません。加えて、暗号資産は取引額が高額になる場合もあり、気付かないと相続財産から漏れ、相続税等の追徴課税の危険性をはらんでいます。これから市場整備が進むことになると思いますが、**暗号資産を利用する際は、取引開始時に万が一のときにどのような相続手続きが必要かも合わせて確認しておくといいでしょう。**

デジタル関連の資産に関しては、以上のようなリスクを回避するためにも、普段から家族に取引があることを伝えるか、エンディングノートのようなものに取引のある金融機関等を記載しておくといいと思います。
金融資産の場合は遺言を活用すれば承継者や分配に関しても記載でき、かつ法的効果も見込めますので有効と言えます。

F 不動産に関して「見える化」しておくべきこととしては、まず、「**境界確認**」が挙げられます。

特に古くからの街は境界杭が入っていないケースもあります。お隣さんと「塀の内側まで」という具合に口頭で決めているような場合もあり、それを知っている当事者同士が元気なうちに明確にしておく必要があります。山林の境界などは、なおさらです。

共有地がある場合も、書面などで明確にしておく必要があります。相続人が共有地の存在を知らなかったことで相続登記を漏らしてしまうことがあります。「名寄帳《なよせちょう》」と呼ばれる固定資産課税台帳で確認するケースがありますが、市町村により非課税地の表記がない場合もあるため、注意が必要です。**購入地の場合は売買契約書や重要事項説明書をわかりやすいところに保管・管理しておくことで相続登記などが楽になります。**

また、親の相続時に不動産の相続登記が未了な場合は、自分が元気なうちに他の相続人と話をし、相続登記を終了しておくようにしましょう。後になればなるほどつながりの薄い相続人が増え、手続きに時間がかかることになるからです。

G 今後キャッシュレス化が進むにあたり、電子マネーに関しても注意が必要です。最近利用が増えている「○○ペイ（電子財布）」と言われるものが代表です。こうした電子財布は今後、給与振り込みなどへの利用拡大が見込まれますので、入金額が比較的大きくなることもあります。相続発生時に電子財布自体を承継することはできませんが、中身の金額の払い出しは相続人であれば可能です。この場合も、**電子財布の存在を知らないと手続きができません。**

記載例
（エンディングノート抜粋）

金融機関

金融機関名	支店	備考
○○銀行	○○支店	インターネット
○○証券	△△支店	インターネット
○○バンク	□□支店	インターネット証券系列

その他資産

種類	名称・取引所	備考
電子マネー 交通系ICカード	○○記名式	チャージ機能あり
航空系マイル	○○	
百貨店友の会	○○デパート	毎月積み立て
暗号資産 （仮想通貨）	取引所○○コイン	
電子財布	○○ペイ	
電子マネー 流通系ICカード	スーパー○○ カード	チャージ機能あり

その他、交通系ICカードや航空系のマイルなども、利用している場合は家族に知らせておくべきです。記名式交通系ICカードは、定期券がセットされていればできるだけ早くその払い戻し手続きを行うべきですし、チャージ金額の払い出しも行う必要があります。航空会社のマイルはJALやANAは相続が可能です。百貨店の「友の会積み立て」なども、加入の有無を周囲に知らせておくといいでしょう。これらのことは、元気なうちに整理や所持に関して所定のノートなどに記録しておく必要があります。

STEP2 認知機能低下時の財産管理の「見える化」

認知機能が低下したときにどのように自分の財産を管理・運用してもらうかを考えることは、これからの長寿時代において資産承継以上に重要と考えます。

「自分がボケたら、お前たちに任せるからいいようにして」という考えは争いの素になります。子どもは、それぞれ考え方が違います。そのため、任された側も入出金記録なども含めて相当気を遣うことになったり、逆に独断でやり過ぎて「親はそこまでは望んでいない」と家族間で問題になったりする可能性があります。

元気なうちに検討すべきこととして、例えば「認知機能低下時は在宅介護を希望するのか、あるいは施設入所を希望するのか」、「施設に入所した場合、空き家となった自宅はどうするのか」、「将来の相続対策を実施するときに、この土地を売却するのか、売却しないのか」、「借り入れはこれ以上増やさず、急激な事業拡大は望まない」など、**自分なりに子どもや跡継ぎに配慮して考えをまとめ、周囲と相談しておくことが大事です。**

そうすることにより、認知機能が低下しても、子どもたちはあらかじめ伝えた考えに沿って対応できるからです。専門家を活用する際も、その後の方針が明確になっていれば、方向性が出しやすくなります。

近年、認知機能が低下したときの財産管理において、身内であれ、専門家であれ、問題が生じている事案は、「後はすべてお任せ」に起因しているケースが多いようです。

丸投げされた子どもなどが「自分の都合でどのようにしても良いだろう」と考えてしまい、大切な財産を毀損したり、不正を働いたりすることがままあるのです。

最近は長寿時代に向けてさまざまな制度や金融商品ができています。親の財産に関する方針が明確であれば、それらも利用しやすくなると思います。

目的に応じた財産管理制度の利用を検討する（考え方の例）

□「財産を守ること」を中心とした管理を目指す場合は、金融資産の引き出しに制限がかかるような仕組みがあるものを選ぶ必要がありますし、不動産なども生活に必要な費用を捻出する場合に限って売却するような制度を選択することになります。

□認知機能が低下した中でも、積極的な財産運用や相続対策を希望するのであれば、自分が元気なうちに決めた人に、その管理・運用を任せたり託したりします。その場合、前述のような方針を示しておくことで、財産の運用やさまざまな対策の方法や範囲を決めることができます。繰り返しますが、「すべてお任せ」は極力避けましょう。

実際には、法制度で制定されているものを活用するもの、契約行為を活用するもの、もしくはその2つを組み合わせて活用する方法になります。

まず、法制度の活用により管理していくものとしては、能動的に利用する「**任意後見制度**」や、既に認知能力が低下したときに受動的に利用することになる「**法定後見制度（成年後見制度）**」が挙げられます。

任意後見制度は、本人の判断能力が衰えた場合に、元気なうちに指定した「任意の後見人」に後見人に就任してもらい、財産管理及び療養介護等について代理権を与える委任契約で、任意後見監督人が選定されたときから契約の効力が生ずる特約が付されています。

この契約と同時に財産管理契約を締結すると、任意後見が開始するまでの元気な間は財産管理契約に基づき受任者が財産を管理し、任意後見開始後は任意後見契約に移行し後見人が財産管理を行うことになります。いずれの契約も、財産管理の委任事項は契約内容によって決まります。

ただし、**財産管理契約と任意後見制度を活用した場合は、認知機能の低下が進み後見人に移行するまでの期間に関しては監督等けん制機能が脆弱になる可能性がありますので、親族はその仕組みがしっかり機能していることや内容が適正なことを確認する必要**があります。

一方の法定後見制度は、既に本人の判断能力が衰えた状態のため、裁判所が適切な支援者を選ぶ制度で、選ばれた支援者は本人の希望を尊重しながら財産管理や身の回りの手伝いをする形です。支援者は身上配慮義務（本人の心身の状態、生活の状況に配慮しなければいけないという注意義務）を負います。財産管理に関しても元本が毀損するなどのリスクを取ることは避けられ、とりわけ**自宅などの処分等には裁判所の許可が必要**になります。法定後見には、本人の判断能力の状態により、少し衰えのある場合の「補助《ほじょ》」・かなり衰えのある「保佐《ほさ》」・著しく減退している「後見《こうけん》」の３種類があります。

なお、この法定後見制度は、家庭裁判所に対して定期的な報告義務があるため一定の監視機能はあるのですが、やはり、**親族による金銭等の財産管理チェックは必須と考えるべき**です。後見人となる専門家や親族への「すべてお任せ」は避けるべきです。

契約行為によるものとしては、**信託機能を活用したもの**もあります。利用目的（信託目的）を明確にし、その目的遂行に向けた契約を行うものです。具体的には第４章にて機能や商品についてお話ししますが、例えば医療費以外の資金使途では出金できない内容にするなど、金銭の払い出しの目的を決め、その範囲で管理・処分を行っていく形です。

また、財産範囲も金銭のみならず、不動産等も含めて管理・処分する契約内容にするなど、かなり自由度が高いものになります。そのため、**より一層、目的の明確化が重要**になります。

加えて、受益者代理人などの機能を活用し、認知機能低下時の対応を可能にする仕組みを構築することもできます（第4章参照）。以上のようにさまざまな制度等が増えているため、その利用にあたっては目的を明確にしておくことが極めて重要です。

STEP3　想いの「見える化」

財産を整理したり、認知機能低下時の対応を決めたとしても、まだ大事なことが不足しています。それは気持ちの「見える化」です。自分の気持ちは伝えないとわかりません。気持ちはすれ違うものです。黙っていても気持ちが通じるのは、漫画に出てくる〝おしどり老夫婦〟だけと思ってください。

相続をめぐる裁判でも、例えば認知機能が低下していた場合、本人の意思がどこにあったか、判断する力があったかで相続人間で争いになるケースがあります。子どもたちが分かれて争いになり、その後の関係修復が難しくなります。

まず「見える化」すべきなのは、遺された配偶者や家族に対する想いです。家族と暮らした時間やその思い出、感謝の気持ち、遺された配偶者の今後について、認知機能低下時や資産承継に関して家族に託したいこと――などいろいろあるでしょう。このようなことは普段から伝えられそうでいて、真正面から伝えることはなかなかできません。元気なうちに決められることは決めておき、家族等に伝えるもしくは伝える準備をしておくことが重要です。気持ちを残すことで、家族を含め周囲の納得感は高まり、財産管理や資産承継がスムーズに進むことにもつながります。

伝え方は自由ですが、書面による方が効果的だと思います。日記やエンディングノートなど、形式は問いません。財産の管理方法等は何かしら、まとめて記載するものを決めておくと良いかもしれません。ただ、遺言書を作成する場合は必ず「付言」を記載することをお勧めします。遺言書内で最後に家族に伝える言葉の重みは格別と考えてください。

Mr. KOTANI's SOLUTION

長寿時代には、元気なうちの準備が欠かせません。事前準備こそがその後の問題解決につながり、準備が不十分だと生前でも争いにつながることがあります。本章の「3つの見える化」を検討してください。

STEP1のチェック方法例
簡易チェックシート

口座整理のポイント

- □ **公共料金の引き落としは1つの口座にしている。**
- □ **カードの引き落とし口座は1つに絞っている。**
- □ **不要な少額口座や残高ゼロの口座はない。**

不要なものは整理し、まとめることで口座管理をしやすくします。特に少額口座や「ゼロ円」口座は、相続時の手続きが金額にかかわらず同じなため、手間と費用の負担が大きくなり、面倒なことから放置されてしまうことにつながります

カード類整理のポイント

- □ **使用するクレジットカード以外のカードは持っていない。**
- □ **使用するキャッシュカード以外のカードは持っていない。**

クレジットカードの不要なものは年会費を無駄に支払っている場合もあります。また、カードにより引き落とし日が異なるため、引き落とし日の管理が大変です。キャッシュカードも不要なものは口座の整理と合わせて処分しましょう。

デジタル関連資産利用のポイント

- □ インターネットバンク・オンライン証券・暗号資産・電子財布などの利用について自分以外の家族も知っている。もしくは、わかるように準備をしてある。
- □ 記名式交通系ICカードの保管場所は決めている。
- □ 航空会社のマイルを利用していることを家族は知っている。また、自分のマイルが相続できるかどうか家族は知っている。

不動産関連のポイント

- □ 境界は明確になっている。
- □ 共有地はどこかわかるようにしてある。
- □ 売買契約書や重要事項説明書を家族がわかる場所に保管している。
- □ 相続登記をしていない不動産はない。

貸金庫のポイント

- □ どこに貸金庫取引があるか家族は知っている。
- □ 定期的に整理している。
- □ 格納物は一覧にしている。遺言書・保険証券がある場合は伝えてある。

キャッシュレス時代の到来と「3つの見える化」

最近、スーパーやコンビニエンスストアなどで「○○ペイが使えます」といった表示をよく見かけるようになりました。日本のキャッシュレス決済比率はまだ20％程度と言われており、キャッシュレス化が進んだ国と比べると低い水準とされます。

そんな中、官民双方でキャッシュレス化を推進しており、2025年には40％程度まで引き上げる目標も立てられています。

ここで言うキャッシュレス化とは、「物理的な現金（紙幣・貨幣）を使用しなくても活動できる状態」を指すとされ、増加している訪日外国人観光客のニーズへの対応や、ポイント還元などを行うことで確実に進んでいます。

一方、これからの高齢社会にとってキャッシュレス化がどう影響するのか考えると、良い面としては、大金の持ち運びが減り、盗難・置き忘れの心配や、認知機能の低下時に小銭などの煩雑な取り扱いが軽減されるなど、利便性の向上が挙げられます。クレジットカードであれば、盗難や不正利用に対し補償機能が付与されている場合もあり、現金に比べて安心な面もあります。

ただ、クレジットカードなどは現金と違い、使い過ぎてしまう可能性もあり、認知機能低下時などは金銭の動きがわかるような「見守り機能」と組み合わせ、金銭の支払いに異常があれば早期発見につながるようにしておくことも併せて考えておく必要があります。

そのためには「3つの見える化」でも記載しましたとおり、クレジットカードや電子マネーなども管理しやすい枚数の範囲での保有を心がけたり、自分や周囲の家族等が使用状況を確認できるようにする対応策が、キャッシュレスの進展と共にさらに必要になると考えます。

第4章

生前贈与や認知機能低下時の財産管理も！

長寿時代こそ「信託」を活用しよう

信託の仕組みと特徴を知る

信託はご存じでも、内容についてはあまり詳しくないという方もいらっしゃるでしょう。長寿時代に信託機能が役に立つ理由は、信託の仕組みにあります。

信託とは、「自分の大切な財産を、信頼する人に託し、大切な人あるいは自分のために管理・運用してもらう制度」のことで、財産の管理・運用を、「誰のために」「どういう目的で」ということを自分が決めて、信託することが特徴となります。

左の図をご覧ください。

信託の仕組み

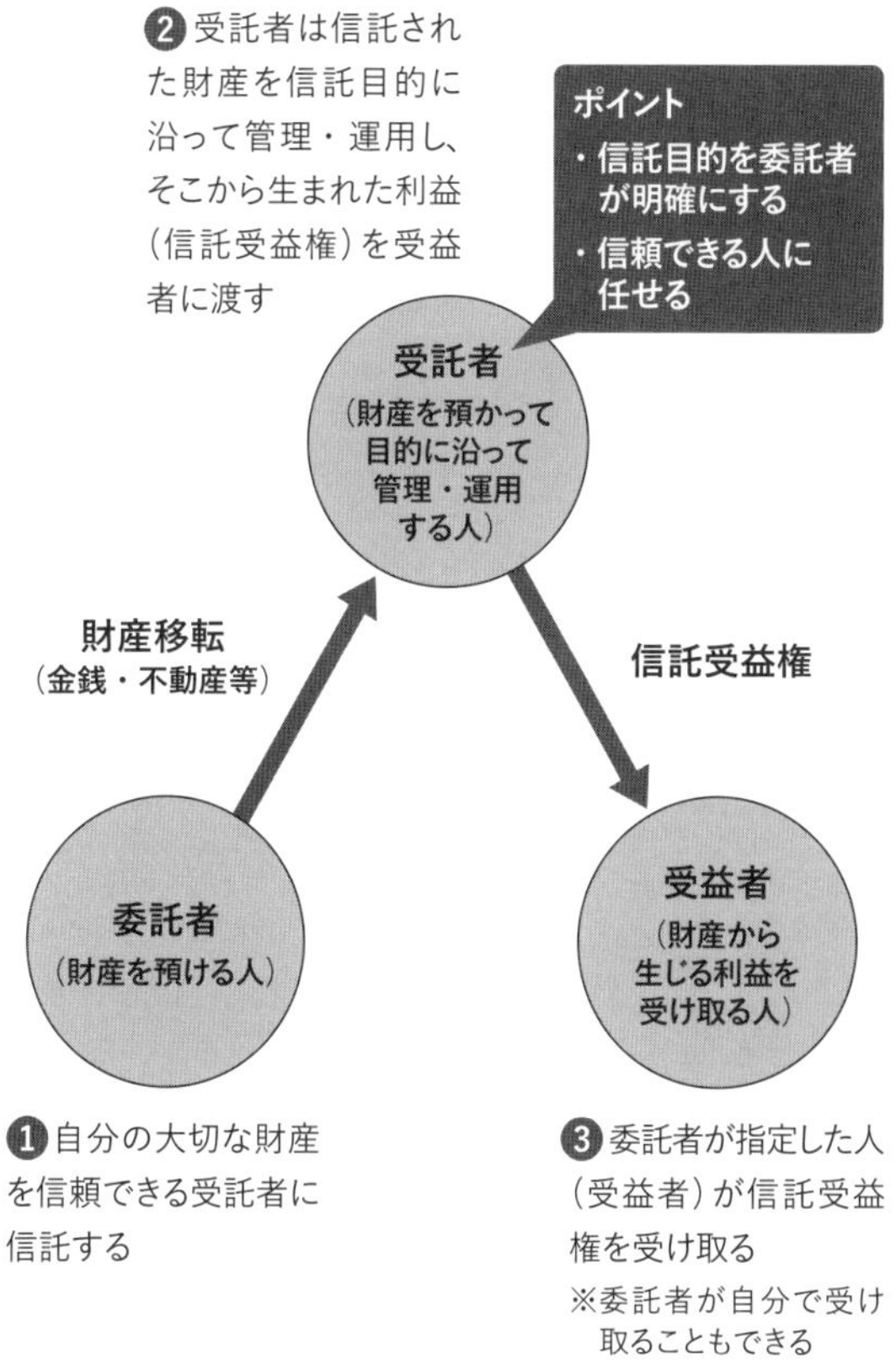
❷受託者は信託された財産を信託目的に沿って管理・運用し、そこから生まれた利益（信託受益権）を受益者に渡す
ポイント
・信託目的を委託者が明確にする
・信頼できる人に任せる
受託者
（財産を預かって目的に沿って管理・運用する人）
財産移転
（金銭・不動産等）
信託受益権
委託者
（財産を預ける人）
受益者
（財産から生じる利益を受け取る人）
❶自分の大切な財産を信頼できる受託者に信託する
❸委託者が指定した人（受益者）が信託受益権を受け取る
※委託者が自分で受け取ることもできる

信託の主な特性としては、次のようなことが挙げられます。

・他人（受託者）による財産管理・処分のための法制度であること。
・受託者の権利行使は信託目的に拘束され、受益者のために行わなければならない。
・委託者から受託者に財産権は移転または処分される。信託財産は受託者から独立している。
・信託は、委託者の受託者への強い信認関係で成立し、受託者が死亡・辞任しても信託は存続する。信託成立後は、信託目的に拘束され、受益者の利益のために存在するため、一種の独立性を有する。

長寿時代においてこの仕組みを活用するポイントは、**信託目的を設定することで利用制限をかけることができる点、財産であれば契約により金融資産に限らず不動産等も含められる点、受益者代理人を設定することで受益者の認知機能低下時も受益者代理人が権利行使できる点**です。また、資産承継の仕組みも併せ持つことが可能で、その際は、遺産分割なしに承継することができます。かなり万能な仕組みであると言えます。

例えば、本人（委託者兼受益者）が親族や信託銀行等（受託者）に対して、金銭支払い目的を医療費に限るなど「信託目的」を明確にすることで、たとえ本人の意思能力が低下した場合でも、子ども（受益者代理人）が信託目的内で手続きすることができるようになります。ただ、契約にて別途制限がある場合はそれに従わなければなりません。

ここからは、具体的な商品を見ながら仕組みの確認をしましょう。

CASE 1

金融資産の引き出し制限をする

解約制限付信託

本人も目的以外の払い出しを行えないような制限を行う信託

例えば、本人が将来医療費や老人ホームの入居一時金負担が増えることを心配しており、資金を確保したうえで、それ以外の資金と分けて管理しておきたいと考えたとします。

そういうときに活用したいのが、金融資産の払い出し目的を医療費や有料老人ホーム等施設の入居一時金などに限定し、それ以外の使用を制限する仕組みの信託です。なお、受益者代理人を設けることで、認知機能低下時も受益者代理人による払い出し対応が可能になります。本人といえども目的外の引き出しは原則できません。そのため詐欺等の被害への防衛策にもなります。

CASE 2

代理出金機能付信託

認知機能低下時における口座の入出金記録保存や家族への周知を簡単に行える仕組みを持つ信託

例えば、自分の認知機能が徐々に低下したときには金銭管理を同居の子どもに任せたいと思っていても、他の子どもとの関係もあり、頼んだ子どもにあまり負担をかけないようにしたいと考えた場合に役に立つ信託です。

元気な間は自分が金銭管理を行い、認知機能低下時には、事前に決めた引き出しの代理人（受益者代理人）に口座からの入出金を任せる形です。その際は情報開示のためにあらかじめ指定した他の子ども等のスマートフォンにも引き出しの通知が送られることにより、後々何のために引き出したかで争いになることを防ぐ機能を持ちます。代理人にとっても、入出金の記録を付けたりする手間が省けます。引き出しに関しては特に制限がないため、自分が元気なときの生活水準や生活パターンを重視した対応を可能とする仕組みになっています（三菱ＵＦＪ信託銀行取り扱い商品）。

CASE 3

民事（家族）信託

非営利目的の信託。金銭に限らず不動産なども含めて管理や財産処分を行うことができる自由度の高い信託

信託機能を活用することにより、自身の財産（金融商品や不動産など）を自分の認知機能低下後も子ども等（受託者）に管理・処分させたい人に有効です。例えば、認知機能が低下した後も保有株式の売買を行うなど金融資産を積極運用するとか、不動産に関

しても有効活用したり、処分等による資産の組み替えなどを行ったりする場合に便利な制度と言えるでしょう。また、承継機能を併せ持つことが可能なため、万が一のときの資産承継先も決定できます。

信託の仕組みを活用した場合、信託した財産は受託者に移転しているため、相続財産とは別に承継することができます。また、相続と違い、承継者（受益者）の指定をその次（第2受益者）まで指定することが可能です。ただし、信託契約で承継を決めることができるのは信託財産内に限られるため、それ以外の財産に関する承継については別途遺言等の利用が必要になります。

注意点としては、受託者が信託目的に応じたものに関して大きな裁量を持つことになるため、本人（委託者）が信託目的を明確にしておく必要があることが挙げられます。また、受託者の手続き状況を確認することも重要です。そのために信託監督人を設置するとか、受益者や受益者代理人が受託者の執行状況を確認することも不可欠と言えます。

この制度の利用にあたっては十分な検討が必要なため、利用する際は専門家に相談しましょう。

生前贈与に信託機能を活用する

CASE 1

暦年贈与信託

信託銀行が贈与者と受贈者の間に入って暦年贈与の手続きを行う信託

「暦年贈与」とは、1年間の贈与財産の合計から110万円を控除し、税率をかけたもので、俗に言う「年110万円までは税金がかからない」贈与のことです。この贈与制度を活用する場合には、贈与するにあたり贈与する側（贈与者）、受ける側（受贈者）の双方の意思確認のために贈与契約書を作ることが好ましいと言われています。ただ、贈与に関しては注意点があり、例えば、10年間毎年同じ人に100万円（合計1000万円）の贈与を約束した場合、贈与の約束をした年に将来に渡り1000万円もらえる権利の贈与があったと見なされ「定期金に関する権利の贈与」として一括して贈与税がかかる可能性があります。また、子どもや孫名義で預金口座を作成しても通帳や印鑑を贈与者が管理していると贈与が成立していないことになり、「名義預金」として口座名義は異なっても贈与者の財産と税務当局から見なされるので注意が必要です。

暦年贈与信託は、暦年贈与を行うにあたって金融機関が介在し、贈与者と受贈者双方に毎年意思確認を実施し贈与する制度です。贈与にあたり「贈与の依頼書」「受贈の確認書」等のやり取りを行うため贈与取引の記録が残り、曖昧な形で贈与が行われることはありません。前述の「定期金に関する権利の贈与」にもなりにくいのがポイントです。ただし、贈与者の意思能力低下により適用ができなくなる場合もあります。

暦年贈与信託の仕組み図

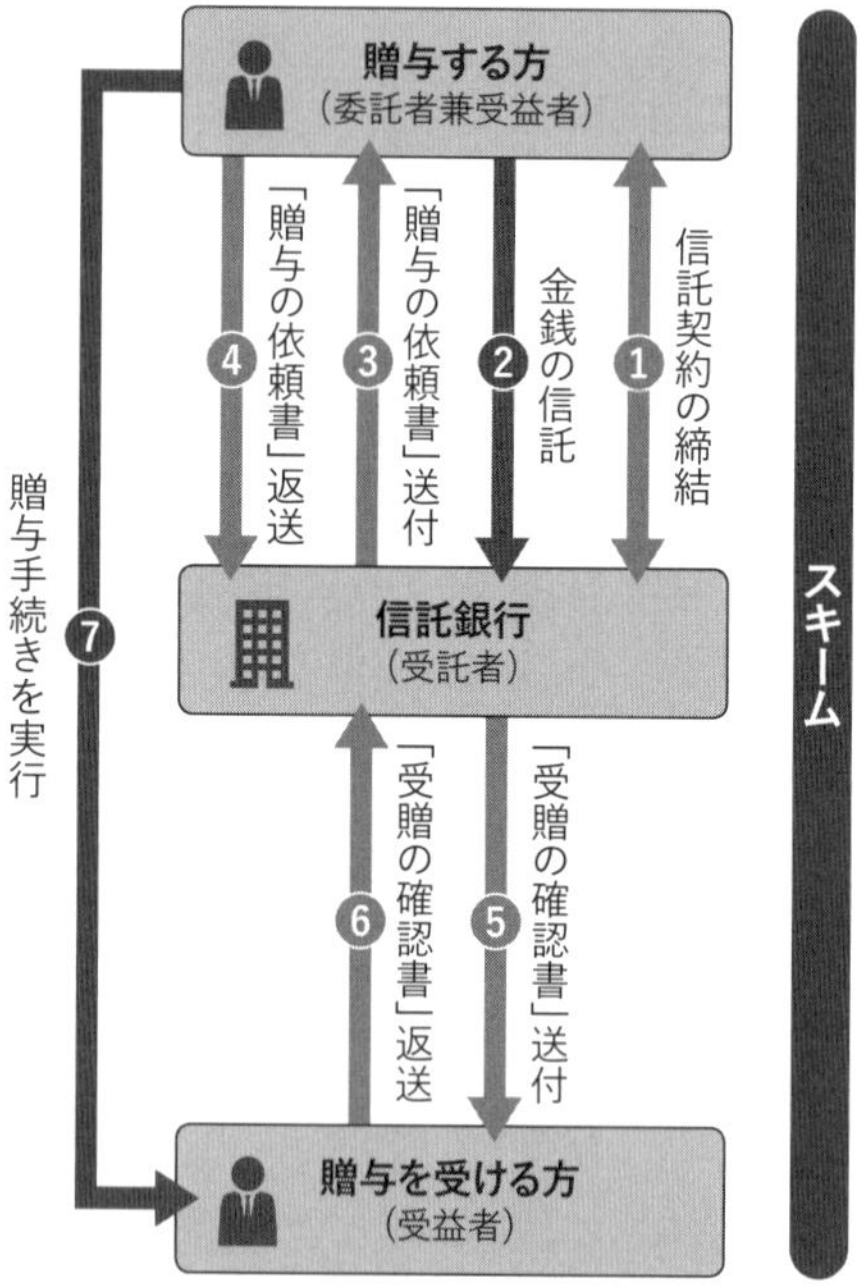

❶❷ 委託者（贈与する方）と受託者（信託銀行等）は、信託契約を締結。委託者（贈与する方）は受託者（信託銀行等）に金銭を信託し、受益者候補（贈与を受ける候補）を3親等以内の親族から指定

❸❹ 受託者は贈与する方に対し、毎年2月（別途9月等）に「贈与の依頼書」を郵送し、贈与する方は贈与を受ける方と金額を確認したうえで返送

❺❻ 受託者は贈与を受ける方に対し、「受贈の確認書」を郵送し、贈与を受ける方は、贈与を受ける旨を記載して返送

❼ 受託者は、振り込みにより贈与手続きを実施

（三菱UFJ信託銀行取り扱い商品例）

CASE 2

教育資金一括贈与信託（有期）

子どもや孫に最大1500万円の教育資金をまとめて非課税で贈与できる信託

今のうちに、将来の分も含め、子どもや孫に教育資金としてまとめて贈与することを考えている場合、非課税枠を利用することが可能な制度です。この信託は使途が明確であり、原則として目的外の使用はできません。もともと教育資金の贈与に関しては、扶養義務の範囲内で贈与する場合は贈与税がかかりませんが、この制度では信託銀行等が資金を管理し、払い出す資金が教育資金に使用されたことを確認するため、非課税で一括贈与できます。都度対応に比べ、将来贈与者の意思能力が低下しても贈与できなくなることがないのがポイントです（類似の制度として、結婚子育て資金の一括贈与にかかる制度もあります）。

直系尊属から教育資金の一括贈与を受けた場合の非課税制度

贈与者	**直系尊属（父母、祖父母等）**
受贈者	**直系卑属（30歳未満の子や孫）合計所得金額 1000万円以下**（令和元年4月1日以降の贈与）
贈与対象の範囲	**教育資金、①学校等に直接支払われる入学金等 ②学校等以外に支払われる一定のもの** ※23歳以上は原則①のみ
非課税金額	受贈者1人につき **①1500万円を限度　②500万円を限度**
贈与方法	**金融機関に信託等をする**
適用期限	令和3年12月31日
申告方法	**金融機関を通じて受贈者が非課税申告書を提出**
その他	**残金の税制**　贈与から3年以内に贈与者が死亡した場合、残金を相続財産に加算（ただし、その死亡日において受贈者が23歳未満、学校等に在学中、教育訓練受講中〈訓練給付金対象〉の場合を除く）。受贈者が30歳に達し教育資金口座に係る契約が終了した場合、残金は贈与税の対象（30歳到達時に在学中等の場合最大40歳まで延長可能）

教育資金一括贈与信託（有期）の仕組み図

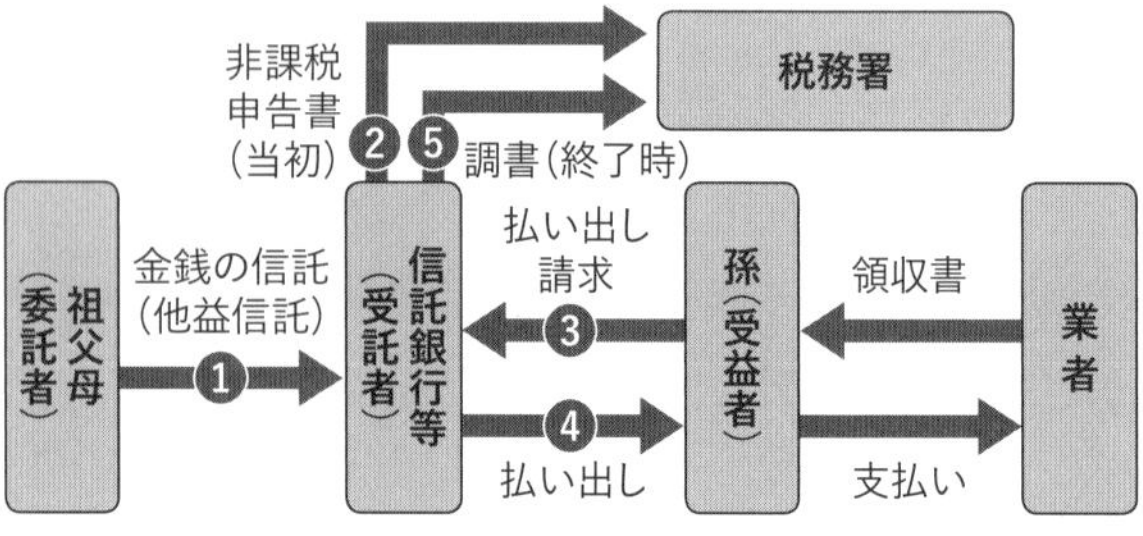

（三菱UFJ信託銀行取り扱い商品例）

一方で、贈与する金額が大きくなる可能性もあり、相続人でない孫への贈与は、相続時の子どもたちへの財産分配のバランスに配慮すべきです。受遺者が23歳未満もしくは学生等であれば「生前贈与加算」（亡くなる前3年間の相続人への生前贈与を相続税の計算に加えること）の対象外となります。

CASE 3

遺言代用信託

分割協議など相続の手続きを経なくても特定の人に財産を渡せる信託

遺言までは考えていないけれど、葬儀をお願いする子どもに葬儀費程度は渡したいと考えたとき、また残された配偶者や世話になった親族に金融資産を渡したいときに通常の相続手続きよりも簡単な手続きで引き出しが可能となる便利な信託です。しかも、この金融資産は遺産分割の対象とはなりません。財産を承継させるにあたり遺言を書いた

遺言代用信託の仕組み図

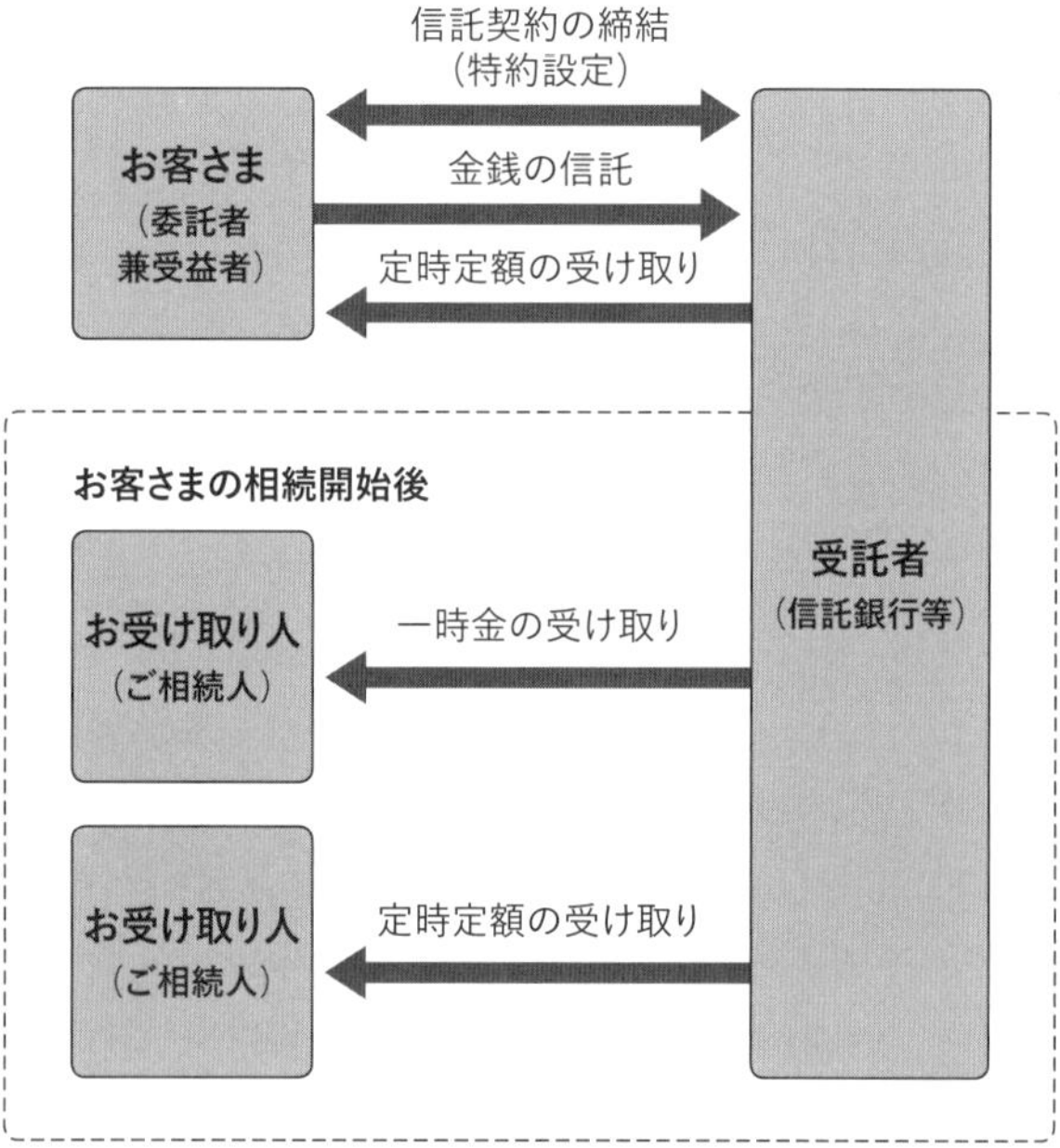

（三菱UFJ信託銀行取り扱い商品例）

のと同じ効果にもかかわらず、遺言を書くより簡単（死亡時の受益者を信託銀行等に届け出るだけ）に作れて、死亡時には遺言より早く受け取れます。渡し方も一括や分割など自由に決められます。

信託の仕組みを活用し、契約者（委託者）の死亡時に受け取り人（受益者）となる人を、あらかじめ信託契約により指定します。そのことで委託者死亡時に信託財産を受益者に取得させる仕組みになっています。

以上のように信託制度を活用した対策はさまざまですので、専門家と相談のうえ、自分の考えに合った制度の活用を検討することが重要です。そのためには、自分が目的（信託目的）を明確にすることと、活用後はその制度が想定していたとおりの形で運用されているかを確認することが必須です。

Mr. KOTANI's SOLUTION

信託機能は自由度が大きいのが特徴です。だからこそ、正しく仕組みを理解して、有効活用しましょう。ポイントは、信託目的と受益者代理人の活用と仕組みの「見える化（家族での共有化）」です。

名義預金にご注意

名義預金とは、形式上は資金贈与により他名義（例えば子や孫名義）の口座になっているものの、実質的にその資金がその受贈者（子や孫）が使えない状態になっている預金等のこと。即ち、「通帳は子や孫に渡したが、印鑑を渡していない」「通帳・印鑑共に渡していない」「贈与された子や孫は、その通帳の存在すら知らない」といったケースで、名義は子や孫でも管理者が別にいて、受贈者単独での使用ができない状態では贈与は成立しません。

結果として、贈与者の相続時には贈与者本人の財産と認定され、相続税が課税されることがありますので注意が必要です。

実際、相続税調査では、亡くなられた本人の預金等はもちろんのこと、家族の預金等も併せて確認し、名義預金に該当するものがないかを調べられることがあります。

第5章

長寿時代に家族への想いの伝達をどうすべきか

遺言書とエンディングノートの活用

信託や保険では難しいこととは

「世話になった子どもの嫁に財産を遺したい」とか、「葬儀費用の負担について配慮しておきたいので、万が一のときに渡せるようにしておきたい」という場合は、前述の信託商品や保険商品の死亡保険金などを利用することで、金銭の受け渡しという目的を果たすことが可能です。

しかしながら、第1章でも記述したように、**資産承継に関しては〝気持ちの伝達〟が非常に重要なポイント**になります。本章では、この気持ちの伝達方法として、エンディングノートと遺言書の話をしましょう。

そもそも気持ちの伝達にあたり、人間は、自分ができるなら避けたいことに関しては、非常に後ろ向きであることを理解してください。防災対策や遺言などがそうですが、必要と感じても「今すぐでなくても」とか「後のことは任せておけばいい」と理由を付けて、後回しにしがちです。
しかし、ここでまず考えてほしいのは、**「自分がどうしたいか」ではなく、「残された人にとってどうか」**ということです。認知機能が低下したときに「どうしてほしいかなんて思わないだろう」と自分では考えても、周囲の人たちはどうでしょうか。何もわからず、困ることはないでしょうか。また、万が一のとき、家族に何も伝えなくてもいいのでしょうか。

私は、講演会などでよく、「自分に万が一のことがあったとき、周囲がどうしたらよいかわからないことがないようにする」ことが重要だと申し上げています。つまり、自分がその場に存在しないがゆえに説明できない中、周囲が「誰に聞けばいいのかわからない状況」を避けるための方法が必要なのです。その手段としてのエンディングノートや遺言について、利用方法等を確認します。

エンディングノートの特徴と活用法

エンディングノートとは、将来認知機能が低下したり、万が一のことがあったとき、周囲の負担を軽くするために、財産の中身など知っておいてほしいことを記載しておくノートです。自分の身近に備え置くことで、いざというときに家族や友人に自分の希望や想いを伝えることができます。

特に様式や内容に決まりはありませんので、自分の好きなように記載できます。また、**記載事項も適宜追記、修正することが可能**です。

基本なんでも書けるが、強制力はない

認知機能が低下したときなどに備えて、自分の食べ物の好き嫌いや希望する介護のスタイル（在宅・施設）などを、このようなノートを活用して伝えるのもいいでしょう。

エンディングノートは希望や想いを伝える手段

エンディングノートに記載する主な内容

- □ 自分の服用している薬など健康に関すること
- □ 食べ物の好き嫌い
- □ 介護や葬儀の希望に関すること
- □ ペットに関すること
- □ 財産に関すること
- □ やりたいこと
- □ 行きたい所
- □ 会いたい人
- □ 想い出
- □ 大切な人の連絡先

また、相続発生時に葬儀をどのようにしてほしいか、誰に連絡してほしいかなどを身内に知らせる際、このノートは有効です。ただ、このノートは、**法的な拘束力があるわけではないため、あくまで〝備忘録〟のようなもの**になります。何かの際に活用してもらうために、家族などにはノートの存在を事前に伝えておくといいでしょう。

エンディングノートで伝えておくべきこと

エンディングノートで伝えるべきポイントは、大きく2つあります。

まずは**認知機能低下時の対応**です。例えば、金融資産や不動産の管理について、公共料金の引き落としなど生活口座はどこの金融機関か、不動産の管理や庭の手入れはどこに頼んでいるかなど、自分以外が知らないことを記載しておくと、家族は管理がしやすくなります。

次に、**相続発生時への対応**です。そのときは自分がいないことを大前提に、何を伝えるかを考えます。家族との想い出や感謝の気持ち、連絡をしてほしい親戚・知人・友人など、自分以外では伝えられないことを記載します。

エンディングノートは自分の加齢に伴う身体能力や認知機能の低下などの変化をイメージしながら記載すると良いと思います。

遺言の特徴と活用法

遺言についてご説明する前に、まずは「遺言とは何か」について理解していただく必要があります。

遺言の最大の特徴は、**死後の法律関係に関して意思表示をするもの**です。それゆえ、遺言には厳格な方式が定められています。その方式に従わない遺言はすべて無効になります。

先ほどのエンディングノートとは使い方が基本的には異なります。それぞれに有用な使い道がありますので、基本的にはどちらか一方で用が足りるというものではありません。**目的に応じて使い分けることが大切**です。遺言は、自分の想いを家族に法的効果のある形で伝える手段といえます。「財産のことは、すべて子どもに話す必要はない」と考える方は、必ず利用することをお勧めします。たとえ、第4章でご説明した信託機能を活用した場合でも、すべての財産等を網羅することは難しいからです。

遺言にはどのようなことを記載すべきか、また、それによりどんな効果があるかは次の通りです。

遺言で法的効力がある事項

「財産処分に関すること」として、貢献した人や世話になった人などへの財産分配ができます（第三者への遺贈）。財団法人等設立のための寄付もできます（寄付）。さらに、一度に財産を分配したくない場合には、分割して財産を分配するための信託を設定することができます（遺言における信託設定）。

「相続に関すること」として、第1章でお話しした法定相続分（42ページの図版を参照）と異なる相続分を指定することができます（法定相続分の変更）。財産の分配について、例えば「この家は誰に相続させる」といった分割の指定ができます（分割方法の指定）。5年以内の一定期間、株式の分割を禁止するなど遺産分割を禁止することができます（遺産分割の禁止）。

「親族関係に関すること」として、法律上、婚姻関係がない異性との間に生まれた非嫡出子《ひちゃくしゅつし》を自分の子とする法的親子関係を発生させることができます（認知）。被相続人に対して、虐待、侮辱、非行等の著しい行為をした推定相続人から相続人の資格をはく奪し、相続人から廃除することができます。（相続人の廃除）。先祖の供養や墓守を指定することができます（祭祀承継者の指定）。

法的効力はないが、極力記載すべき事項

遺言には、家族へのメッセージをつづることも可能です。これまでも繰り返し話をしてきた「付言」と呼ばれる部分です。ここには、なぜこのような分配の遺言にしたか、家族への感謝や残された配偶者を気遣う気持ちなどを自由に記載することができるため、**法的効果はないものの、遺言実現に向けて、自分が存在しないときに自分の伝えたい想いを伝達する重要な手段**になります。この「付言」により遺言書は命を吹き込まれるといっても過言ではありませんので、この部分は丁寧に記載すべきです。

遺言作成時の能力について

長寿時代には、遺言作成時の遺言者が認知症の薬を服用していたとして、遺言無効の訴えが増えることが予想されます。そこで、遺言能力に関しても少し触れておきたいと

思います。

遺言能力とは、**遺言内容と、その遺言の効果が理解できている**ことを意味します。法定後見人（成年後見人）が付いている人でも、一時的に意思能力が回復したような場合、2名以上の医師の立ち会いで、その医師が遺言書に付記・署名押印することにより遺言書を作成することが可能です。

といっても、遺言は本来円満な承継を目指して用意するものですから、元気なうちに作成することが大切な点は変わりません。

遺言作成時に備えておくこと

遺言は「**作成したら終わり**」ではなく、むしろ「**作成してから始まる**」ものです。ここを勘違いしている方が多いのです。遺言作成後に**財産や相続人の変動が生じた場合や、寄付先の変更など分配を見直したい場合は、随時書き換えることができます。**見方を変えれば、遺言とは書き換えを前提に作成するものなのです。

人によっては毎年遺言の見直しをされる方がいますが、遺言は自分の意思表示になりますので、変化がないか自分自身で確認することは非常に大切です。

しかしながら、これからの長寿時代は、認知機能の低下に伴い、遺言書の書き換えが難しくなることもあるかもしれません。そのような状態のときに**財産分配を予定している相続人や受遺者が先に亡くなってしまうと、亡くなった相続人・受遺者に遺贈する部分の遺言は無効**になります。

こうしたケースでは、その部分の財産は相続人全員で遺産分割協議を行います。分割協議にならないようにするためには、予備的（補充）遺言というやり方があります。

予備的（補充）遺言の一例を挙げますと、「なお、妻〇〇が、遺言者の死亡以前に死亡または相続を放棄した場合には、本項によりその者に相続させる財産を長女〇〇に相続させる。」という文言を補充しておきます。

また、夫から不動産を相続することを前提とした遺言文の例としては、「遺言者は、相続開始時において次の財産を所有していた場合は、当該財産を次の通り相続させる。」とすれば、書き換えをしなくとも対応できる遺言になります。

このように**予備的（補充）遺言を利用することで、将来の変化にも備えることができるの**です。

遺言執行者の活用

遺言執行者とは、「**遺言の内容を実現する人**」のことです。具体的には、財産調査を行い、財産目録を作成し、遺言に従って金融機関に対して預貯金などの換金手続きや名義変更手続きをして、不動産の相続登記などを行います。また、相続財産に対し遺言執行を妨げる行為が行われている場合は、それを是正する権限を持っています。

遺言執行者は、遺言で相続人の廃除や非嫡出子の認知などを行う場合は必要ですが、それ以外の場合は指定しなくても構わないことになっています。ただ、**次のようなケースでは利用を検討することをお勧め**します。

・遺された相続人は金融関連や不動産などの手続きに不慣れなため、手続きは誰かに任せたい。
・相続人が忙しい。もしくは遠方在住のため、誰かに任せたい。
・相続手続きにあたり第三者が介在した方がスムーズにいく。
・各種申請手続きが伴うことから相続人では対応が難しい。

遺言執行者については、**遺言の実現に向け、親族や専門家などから遺言内容に応じた方を選定することが重要と考えます。**

遺言とエンディングノートの比較

○… 適している　✕… 適さない　△… 一部適さない

	記載項目	遺言	エンディングノート
1	家系、生い立ち	✕	○
2	介護医療への希望	✕	○
3	葬儀・お墓への希望	✕	○
4	財産内容を明確にする	○	△
5	財産分配を決められる	○	✕
6	遺産分割協議が不要	○	✕
7	第三者への分配	○	✕
8	感謝の気持ち	○	○
9	遺言執行者の指定	○	✕
10	婚外子の認知	○	✕

第三者の介在に重きを置く場合は、どの分野に詳しい専門家に依頼するかを絞り込み、金融資産の多寡や分配の仕方、処分が必要な不動産やその規模などから検討すると良いと思います。

遺言と信託・保険の使い分けのヒント

信託や保険は、資産承継の〝**機能性ツール**〟だという前提で考えておくといいでしょう。いずれも契約に基づくものであり、内容が限定されます。**商品によっては認知機能が低下しても活用できるものもあります。**

遺言代用信託や生命保険はお金に関する部分に限定されていますので、全体を網羅する面からは劣ると言えます。

一方、民事（家族）信託などは、財産全体への網羅性はありますが、受託者となる親族が契約内容に関して大きな権限を持つことから、他の相続人に十分理解してもらわないとトラブルの素になります。

遺言は、**生前贈与や家族の状況に応じて財産全体のバランスを取れる**点や、そのときになぜそのように分配したかという**想いの伝達ができる**点では優れています。ただし、認知機能が低下した後に大きな財産変動があると、遺言者の意思が実現できません。いずれの場合も一長一短があり、組み合わせながら活用するのも1つの手でしょう。

遺言と異なる内容の遺産分割協議

遺言が存在した場合は、**原則として遺言どおりの財産分割**になります。特に遺言執行者がいる場合は、執行者には遺言を実現する義務があります。

しかし、受遺者が遺贈を放棄し、相続人全員が合意すれば、遺言内容の一部を遺産分割協議に変更したり、場合によっては遺言全部を使わず遺産分割協議を結んだりすることも現実的には行われています。

遺言執行時に財産内容が変化していて遺言をそのまま適用できなかったり、相続人等の円満な関係を維持したりするためで、基本的には**それが遺言者の真意に沿ったものと考えられる**からだと思います。

遺言の限界

遺言の持つ法的効果を活用し、家族の円満な関係を維持しながら財産分配をする。遺言は、そのため事情を勘案できる立場にいる遺言者が、いろいろなことを考え、その実現に向けて作成するものです。

つまり、遺言は一方的に自分の想いを伝えるためのものではなく、**遺された家族に対する配慮や気遣いを行い、相手を信頼して自分の希望を託す**ものなのです。

遺言があることにより、遺された家族もその実現に向けて協力することになります。しかし、前述のとおり、認知機能が低下した後に財産が大きく変動した場合には、遺言のそうした機能が十分発揮できないこともあります。そのために前出の予備的（補充）遺言のような対応を行うわけですが、限界はあります。結果として、**遺言者は付言などに自分の気持ちを記載し、足りない部分は遺された家族に任せることになる**と思います。

遺言は一人で作成するようでいて実は、実現に向けては家族の協力が不可欠なのです。

Mr. KOTANI's SOLUTION

これからの長寿時代は、家族の支え合いが特に大事です。
その際は、機能性商品（信託・保険など）と
エンディングノートや遺言をどのように組み合わせて
活用するかがポイントになります。

民法改正で気を付けたいこと

遺留分とは、相続人（配偶者、父母、子〈代襲相続の場合は孫など〉、祖父母）に認められた「最低限の相続分」のことです。この権利の法的性質が、2018年の民法改正で大きく変わりました。

従来、遺留分を侵害された遺言があった場合、遺留分を侵害された相続人が「遺留分減殺請求権」を行使すると、遺言の効力が遺留分を侵害する限度で失効し、遺産は遺留分侵害の範囲で遺留分権利者と受遺者との共有となりました（物権的効果）。そのため、例えば、事業承継手続きなどが滞り、支障が生じることがあったのです。

２０１８年民法改正により、遺留分権利者は受遺者に対し、遺留分侵害額に相当する金銭の支払いを請求することになりました。つまり、受遺者は侵害額相当をお金で支払う形です。

逆に、遺留分権利者の同意を得て金銭でなく不動産で代物弁済すると、不動産は相続後に譲渡したことになり、不動産譲渡に伴う利益が発生した場合は、譲渡所得税を支払うことになります。

遺留分に関しては、法的性質が変わったことにより今までとは別の注意が必要になりますので、侵害が発生する場合は金銭で支払えることも含めて検討しておくと良いでしょう。

第6章

それぞれの立場で起こることを考えよう

プロが見てきた〝財産管理と相続の落とし穴〟

「跡継ぎだから、任せる」という考え方

親が子に対して「お前は跡継ぎだから、後は任せるよ」という話はよくあります。しかしこの場合、**どんな〝任せ方〟をするかが問題**です。

例えば、自分はまだまだ元気だけれど家業などを引き継がせるという〝任せる〟、または最近体調が良くないので後継に道を譲るという意味での〝任せる〟――などが考えられるでしょう。

いずれにしても、跡継ぎとして信頼できるから任せることになるわけです。

その中で**避けるべきなのは、丸投げを意味する〝任せる〟**です。

これは白紙委任状と同じで、家族不和の素になりかねません。つまりは跡継ぎにすべてを委ねることになり、結果、任せた本人の考えとは違うことが行われると、他の親族から「それはおかしい」という声が上がって争いになるためです。

財産管理を任せる場合、本人が元気なうちや身体能力の低下時に任せることになりますので、口頭でも契約においてでも、跡継ぎ以外の家族にも「何を任せるか」がわかるようにすることで争いの防止につながります。

実際、会社組織などで考えてみるとわかりやすいと思いますが、信頼できて頼りになる人物に任せた場合であっても、丸投げすることはなく、必ずけん制機能が備えられているものです。

家族の信頼関係は会社のそれとは違うと思うかもしれませんが、「親しき仲にも礼儀あり」で、家族だからこそ、すべてを任せる場合も、できるだけ家族が共有できるようなけん制機能を置き、争いになりにくくすることが、いつまでも家族円満でいてもらうことにつながるのではないでしょうか。

こうしたことこそ、今後長寿によって認知機能低下期間が長期化する社会では特に考えるべきことになります。

具体的には、後継者に任せる場合は、あらかじめ「何を任せたいのか」を整理して伝えておくことが重要です。「不動産の管理」なのか、「不動産の売却」なのか、「金銭に関して」なのか。同じ〝任せる〟でも、**とりわけ承継絡みの場合は家族の協力が必須**です。そのためには、後継者以外の家族にも、後継者に何を任せたいのか、しっかり伝えておく必要があります。

特に**認知機能が低下し始めてからの〝任せる〟は、家族皆と共有すべき**です。

財産管理で生じやすい相互不信をどう回避するか

認知機能が低下したときに財産管理を任された場合、金銭関係なら本人の代わりに金融機関に行って手続きをしたり、入出金記録を作成したり、領収書を保存したりします。賃貸不動産を保有していれば、賃貸に関する契約や家賃の管理などに関わるケースもあります。

いずれにしても、任される側も**それなりの負担になることは間違いありません**。すべてを記録できていないケースや、病院に行くときのタクシー代や中元・歳暮代など、立て替えたお金がそのままになっているケースもあると思います。このような費用も毎回となるとそれなりの金額に上ります。いくら子どもだからといっても、限度もあるでしょう。

にもかかわらず、他の兄弟等から後になって「これは何のための資金支出なの？」などと問い質されたり、「同居しているのだから立て替えなんて当たり前」などと言われると、「自分たちは何もしていないくせに」とか「同居の苦労も知らないくせに」と将来へのわだかまりの種が生じてしまいます。

そうならないためには、**財産管理を行う場合、兄弟などの関係者にはお金の出入りを定期的に開示し、了解をもらっておく**といいでしょう。

後になってからの「何？」は疑義に基づくことが多いため、揉めやすくなります。事前に定期的な開示をしておけば、任された大変さも含め、財産管理の状況について理解が得られやすくなり、双方にとって良い効果をもたらすはずです。

実際、第4章でご説明した「代理出金機能付信託」での代理出金の内容としては、「介護タクシー代」「ペットの病院代」「頼まれた買い物代」などのように、日常よくある出費が多く立て替えになっています。よくあるがゆえに回数も多くなり、実は負担が大きくなるものとも言えます。

「うちの子たちは仲がいいから大丈夫」の盲点

「うちの子は兄弟同士仲がいいから、揉めるはずがない」。このような話もよくあると思います。

問題は、ご存じのとおり、**子どもは皆が同じでない**ということです。一人ひとり性格も違って、言いたいことをはっきり言える子、言えない子、相手を慮《おもんぱか》り我慢をする子――などさまざまです。また、子どもの間でも力関係の強弱が当然存在します。例えば、〝末っ子長男〟は姉たちに「ものを言いにくい」などです。

ですから、相続を考えるときはそれをよく知っている**親が、子どもの性格や経済状況を勘案してバランスを取ることが重要**です。気持ちや言葉だけでは解決できない問題として考えていただくのが良いと思います。

「普段から話してあるから大丈夫」という人もいます。その場合も言葉だけでは不十分で、「普段から話してあるとおりに、こうしてある」ところまでやっておく必要があるでしょう。具体的には「信託契約書や遺言書の作成」などです。

なぜなら、相続の時には、〝よく話していた〟あなたはそこにいないからです。**あなたがいないことで状況は大きく変わることがよくあり、そのときに一番困るのは、遺された配偶者**になります。

遺言の相談を受けるとき、配偶者の方からは「家族円満のために、主人に遺言を書いてほしいと思っているのだけれども、本人が『皆わかっているから大丈夫』と言ってきかないので困っています。子どものことは私の方がよくわかっているので心配です」という声がよく聞かれます。
気丈な方は、「自分も遺言を書くので、あなたも書きなさい」と言って、配偶者の方がご主人に必要性をアピールしているケースもあるようです。

資産承継は家族間だけの問題ではない

最近は、以前に比べて出身の学校や支援したい団体に寄付や遺贈をしたいという相談が増えてきているように思います。災害時の対応に象徴されるようなボランティア精神に基づく活動が増えていることや、クラウドファンディングなど支援のために投資する風潮の広がり、学校法人やさまざまな団体も積極的に寄付や遺贈を受け入れていることなどが背景にあるのかもしれません。

これからの時代は、そうした動きがさらに広まる可能性があります。
配偶者に先立たれたり、未婚であったりなど生活形態として一人でいる方も多くなり、生前はもちろんのこと、万が一のときにも**「遠い親戚より、近くでお世話になった人や団体」に寄付や遺贈をすることが増えそうです。**実際、現在も兄弟姉妹における相続などでは、相続人ではなく自分が世話になった人や法人に遺贈するケースがあります。

このようなときに注意すべき点としては、例えば、**遺贈にあたり本人の考え方と相続人の考え方に大きな乖離があることで、相続人が遺贈を快く思わず、本人の意思に反して相続人が遺贈先に遺贈の一部または全部を放棄してくれないかと交渉に行くようなケースがあります。**

遺贈先としては困惑しても、今後の相続人との関係等を考えるとなかなか無碍《むげ》な対応もできないこともあります。

特に遺贈が遺留分を侵害している遺言などで遺贈する場合は、遺留分侵害額請求をされかねません。たとえ遺留分を侵害していなくても、遺贈金額が高額の場合などは、遺贈先と相続人との関係悪化が生じたりします。

そのためにも、**遺贈する目的などを相続人に理解しておいてもらうことが大事**です。

生前からそのような話をしておくとか、遺言であれば遺贈の理由を付言に記載するなどしておきましょう。

争いにならないためにも遺留分がある場合には、遺留分への配慮も必要と思います。仮に葬儀を相続人が行うにもかかわらず、遺留分がないからといって全く配慮をせず、財産を分配しないような場合、争いになる可能性はより高くなります。

信託機能を活用した場合も、同様の留意が必要です。信託財産は遺産分割の対象にはなりませんが、遺留分算定の際の財産には含まれるからです。

別の留意点としては、不動産や有価証券を遺贈する場合は、**遺贈予定先がその遺贈を受けるかどうかをまず確認してから遺言等を作成することをお勧めします**。

不動産であれば管理は負担になりますし、有価証券だと保有銘柄によっては難色を示される場合もあり、遺言発効後に断られたりすると、遺言自体の意味がなくなってしまうことがあります。そのようなことからも、現金以外で寄付や遺贈を検討する場合には、まず先方に受け入れが可能か確認しておくと良いでしょう。もし、先方の意思が確認できない場合は、遺贈放棄に備えた予備的（補充）遺言を作成するといいでしょう。

また、不動産や有価証券を法人に遺贈した場合、被相続人が受遺者に対し資産を譲渡したと見なされ、遺贈時に利益が出ると譲渡益への課税問題が発生します。公益法人への遺贈でも、非課税要件に該当しなければ課税されます。相続人がその負担を負わされるケースもありますので、遺言を書く前に専門家とよく相談する必要があります。

生前贈与は心情的な争いにならないよう配慮が必要

最近は、教育資金一括贈与のような制度を利用して子どもや孫に贈与をすると、子や孫一人当たり最高1500万円まで非課税で生前贈与を行えるような制度があります。

このような贈与は贈与目的も資金使途も明確であることから、使いやすい制度であると思います。

しかしながら、生前贈与に関してご注意いただきたいのは、遺言がない場合、**民法上、子どもに対する多額の贈与（例えば住宅購入時の資金援助など）は、特別受益として相続発生時に贈与を受けた相続人に加算**して相続財産の配分を考え、相続人間の公平のために、その人は他の相続人より特別受益分だけ少なく相続財産を相続するようになることです。

ただ、相続人でない孫に対しては、原則として特別受益のような考え方は適用されないため、**孫への多額の贈与は心情的に争いの原因になる可能性があります**。

相続財産は、相続人間の公平性はある程度担保されていますが、そうでない、例えば相続人でない孫などに対する贈与は原則としてその公平性の対象外です。とはいっても、子どもサイドとしては「相続人」というより「相続人世帯」としていくらもらったかという考え方になりがちです。

教育資金一括贈与制度を活用し、最高額の1500万円を孫に贈与した場合をイメージしていただくとわかりやすいと思います。

孫がいる・いないで祖父母や親からの財産分配に大きな差が出る可能性があります。だからこそ、**資産承継を検討する場合は、子どもに加え孫などへの生前贈与等も考慮し、分配を考えることが重要**なのです。

家族内に障がい者などの方がいる場合の配慮

家族内に障がい者や引きこもりの方などがいる場合は、将来の相続について心配されることも多いと思います。長寿時代は高齢配偶者が脳梗塞や認知症を発症するなどのリスクも高まります。**相続発生時に遺された配偶者の意思能力が欠けているときなどは、遺産分割や相続税の申告を行うにあたり、原則として後見人選任を家庭裁判所に申し立てることが必要**になります。

意思能力を欠いた相続人による遺産分割協議は後日争いの原因にもなりますし、分割協議自体の成立が認められず無効になってしまうので注意が必要です。

また、後見人申し立て手続きは家庭裁判所での面接や鑑定、調査などを経て選任されるため、時間がかかることも想定されます。相続税の申告期限に間に合うかも注意が必要です。

そうしたこともあり、意思能力を欠いた相続人に生前に後見人を指定しておくことも可能ですが、その後見人が相続時に利害関係者となる場合は、利害関係のない「**特別代理人**」を立てる必要が出てきます。

Mr. KOTANI's SOLUTION

財産管理や承継には親族だけでなく第三者が関係することも。立場による考えの違いを理解すれば、事前にどんな話をすべきかを考えることになり、後日の争い防止につながります。

第7章

充実した人生を送るために欠かせない

長寿時代の「3つのコミュニケーション」

「見える化」に加え「コミュニケーション」も大事

長寿時代の変化については「はじめに」でも記載しましたが、いわば〝加齢との共生〟であり、うまく付き合うことがポイントとも言えます。まず**必要なのは第3章で記載した「3つの見える化」になりますが、加えて重要なのが、「3つのコミュニケーション」であると**考えます。

第一に、世帯構成の変化に伴い取りにくくなった**家族とのコミュニケーション**。第二は、これからの時代に必須となる**地域コミュニティを活用したコミュニケーション**。そして第三は、今後は新しい相続の選択肢が増えるため、その取捨選択にあたって専門家の知恵を活用することが重要となることから、**専門家とのコミュニケーション**です。

家族への伝達は言葉と書面の両方で

第一の家族とのコミュニケーションとは、第3章の「3つの見える化」でも言及したように、自分の身体能力や認知機能の低下時の対応をどのように考えているかを自分の中で整理し、家族等に伝えておくことです。伝え方は、①言葉で伝える、②書面でわかるようにする――などですが、できれば両方の活用が好ましいでしょう。

本書でも繰り返し申し上げてきましたが、家族といえども捉え方はさまざまであり、同じ言葉で伝えたとしても、解釈が異なることは普通にあります。そのため、言葉で伝えると同時に書面等を活用することが重要になります。**家族とのコミュニケーションは、実は他人とのコミュニケーション以上に難しい**と考えてください。常に一緒にいても難しいのですから、離れていればなおさらです。

ＩＴ技術の目覚ましい進展により、昨今は見守り機能が充実してきています。健康状態などはかなりわかりやすくなってきたと思いますが、認知機能の変化に気付くことは難しいですし、気持ちの変化は、当然見た目からはなかなか読み取れないため、まずわからないと考えて良いと思います。親子ですからちょっとしたことでケンカになりますが、その後は仲直りするものです。ケンカをした際には、「もう財産は渡さない」とか、「こっちこそ要らない」とか、お互い感情的になってしまいがちですが、それが本心なのかどうかわからないという具合です。

そのために、普段から日記やエンディングノートなどを活用し、整理をしておくと良いでしょう。

一方で、**子どもや周囲の人間が、親のちょっとした変化に気付くことも大事**です。例えば、きれい好きだったのに最近はあまり構わなくなってきたとか、2階の雨戸を最近開けなくなったなどは、体調や認知機能の変化の表れかもしれません。そのようなことに気付いたとき、親の身にどのようなことが起きているのか話をしてみることも、大事なコミュニケーションになります。

また、この際のコミュニケーションでは、**加齢による変化も考慮し、相手の状況や考え方を理解することを心がける必要がある**のではないでしょうか。つまり、親子で変な意地の張り合いにならないようにすることです。

長寿時代には、親が単独や高齢夫婦のみで暮らすケースも増加していますし、例えば親が90歳以上なら、子どもも60歳を超えているかもしれません。その中でのコミュニケーションとはどうあるべきかという問題です。

お互い若い頃のような親子水入らずのコミュニケーションは取れなくなっていますし、子どもも自分の家族中心の生活になっていて、仕事の関係などで常に一緒にいない状況で大きなわだかまりが生じると、その解消には時間がかかります。その間、万が一のことがあったりすると、それこそ取り返しがつきません。

また、よく「ボケないで元気なうちに死ねれば最高」とお話しになる方がいらっしゃって、そのような方こそ、早くから家族間のコミュニケーションやエンディングノート・遺言など書面による準備が必要なわけですが、実際には「それはそれ、これはこれ」と普段からの話し合いや書面等の準備ができていないケースが多いように思います。お心当たりはないでしょうか？

相続人が兄弟姉妹になる場合は、親子関係以上に注意しないといけません。なぜなら、兄弟姉妹は親の存命中こそ集まる機会も多いと思いますが、親が亡くなると滅多に顔を合わせなくなり、たまに会ったときにちょっとしたことでケンカになったり、そこまではいかなくても親子間以上に疎遠になるケースが散見されるからです。

そのような状況で認知機能が低下したり、万が一のことが起こると周囲は本当に困惑してしまいます。そのためにも普段から、兄弟姉妹や周囲で世話になっている人たちとのコミュニケーションや書面の準備などが必須とも言えます。

これは個人的な考えではありますが、**長寿時代は今まで以上に家族間の関係構築が重要な時代になる**と感じています。昔は親子3世代が同居し、常に相手のことを見ていましたから、多少言葉が足りなくてもお互いが理解できたり、相手の体調の変化に気付く機会も多かったりしたのではないでしょうか。

しかし、最近は親戚付き合いも、良くも悪くも昔のようなしがらみはなくなっていま す。従来型のコミュニケーションが取りづらい時代になっているにもかかわらず、コミュニケーションの仕方も従来どおりでは良いわけがないと思うのです。そのためにも長寿時代は意識的にコミュニケーションを取ることが必要です。つまり、お節介なコミュニケーションくらいがちょうどいいのかもしれません。

地域のサービスの活用で子どもなど周囲の負担を軽減

第二の地域とのコミュニケーションに関しては、例えば公的機関が主催する文化・スポーツ教室などへの参加によるコミュニティ作りもありますが、ここでいうのは、介護サービスやデイサービスなども含めた地域サービスを活用したものです。

親子関係が以前とは違ってきていて、例えば子ども世帯は共働きで日中なかなか親の世話が難しいとか、遠地にいるため、電話や映像での通信を行うとしても接触は短時間になってしまうなど、変化が捉えにくい状況になっていると思います。これからの時代は今まで以上に、昔のように子どもが交代して親の世話をするようなことができず、個々の負荷が大きくなりやすい側面もあります。

このような変化から、**子どもは親族介護者の健康に配慮し、介護保険のサービスや施設の利用により負担を軽減することを考える必要があります。**また、親の変化などに気付いたとき、地域のケアサービスを提供している方に話をしておくことで相談に乗ってもらいやすい環境が整うことにもつながりますので、そうしたコミュニケーションも重要です。

ただ**実際には、このような地域の仕組みがあることを知らない、もしくは漠然と知っている程度で、せっかくの仕組みを上手に利用ができていない方も多い**と思います。私も親に認知機能の変化が出てきた中で、ある日、親が転倒して骨折したことがあり、そのときにそうした制度があることを知りました。その後、地域包括支援センターを通じて知り合ったケアマネージャーと話をしながら、さまざまな制度の存在を知ることができ、家族では仕事等の関係で対応が難しい部分について、介護サービスの利用を開始したのです。

介護サービスを利用できて良かったのは、実は、親は掃除等がつらくなってきていたことを、そこで初めて話してくれたことです。親もこのような制度が活用できることを知らなかったので、「もっと早くから利用したかった」と言い、感謝されました。生活上のストレスも減ったようなので、健康にもいい影響が出たと思っています。また、以降は私自身も親の健康に関して、親や地域包括支援センターの方々と話をする機会が増えました。

余談ですが、そのような流れの中で、災害時に避難する場合、高齢者や障がい者等、通常の指定避難所では避難生活が難しい方に配慮された「福祉避難所」があることも教えられました。このように実は行政等で受け皿が用意されているけれども、利用者側が知らずにいることもあります。

長寿時代の社会システムのイメージ

公助（行政）

自助・互助・共助では対応できないことに対し、最終的に必要な生活保障を行う社会福祉制度（生活保護、人権擁護など）

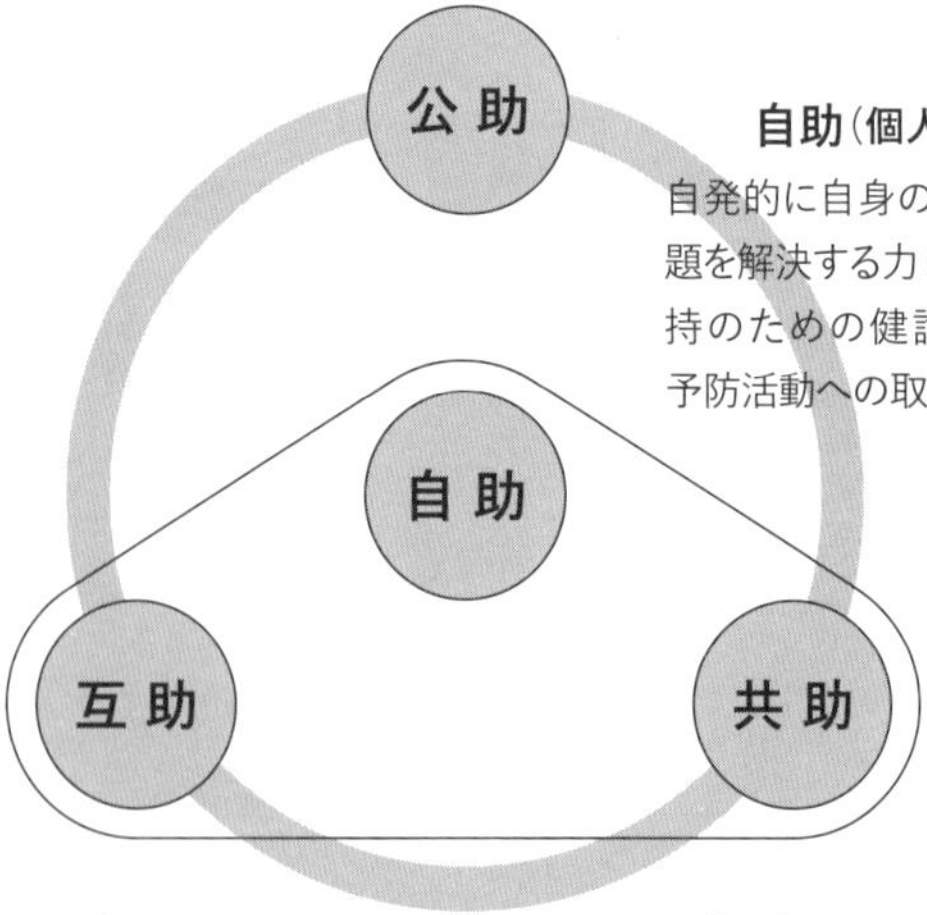

自助（個人）

自発的に自身の生活課題を解決する力（健康維持のための健診、介護予防活動への取り組み）

互助（近隣）

費用負担が制度的に裏付けられていない自発的な支え合い（自治会などの地縁組織の活動、NPO等による有償ボランティアなど）

共助（保険）

制度化された相互扶助のことで、医療、年金、介護保険、社会保険制度など被保険者による相互の負担で成り立つ今後は、前ページの図のように「自助」に加え「共助（介護サービスなど）」と「互助（地域サービス）」の積極活用も合わせて考える時代になってきそうです。

充実した人生のためには専門家の助言が不可欠

第三の専門家とのコミュニケーションも不可欠です。

長寿時代は、その時代に適した制度や商品などが多く提供されることになります。しかし、必ずしも内容は簡単なものばかりではなく、家族での対応が必要なものが多くなります。ですから、親が元気で健康なうちに、その後の身体能力や認知能力の低下に向けた対応方針や、万が一のときの考え方を整理しておく必要があります。

そして、その際には家族はもちろんのこと、さまざまな専門家に相談し、アドバイスを受けることが充実した人生のためには欠かせません。

認知機能低下時の財産管理やその活用、認知機能に関する知識や早期対応への準備、そして仮に認知機能が低下した場合、家族としてどのように対応するか、また施設をどう活用するかなど、**万が一のときへの備えとして、信託商品や保険商品の活用、エンディングノートや遺言などの利用について、専門家からアドバイスを受け、事前に検討しておくことがとても重要な時代**になるわけです。

それゆえ、これからの長寿時代には、今まで以上に時間をかけて、十分な準備をすることが必要になります。

しかしながら、実際は専門家と話し合いを行うことは簡単ではありません。講演会ではよく、「将来のことを親と相談したいけれど、子どもからは切り出しにくく、どのようにしたら良いでしょうか」といった質問を受けます。そのときは、「専門家をうまく活用されたらどうでしょうか」、「相談会が難しければ、講演会のようなものでもいいと思います」と申し上げています。

理由は、**専門家を介して家族間の議論を進めることができる**からです。このような話は、「**どの商品・制度を使うか**」と内容を検討する前に、まず「**何のためにやるのか**」と目的のすり合わせから始めないとならないケースも多く、そもそも、親子で「何のために」がかみ合っていなかったりします。こうした局面を打開するためには、中立な立場の専門家は、役回りとしてはうってつけです。

以上のようなことを踏まえると、専門家とのコミュニケーションの効果としては次の3つが挙げられます。

・目的に沿った商品や制度の選択にあたり、そのメリットやデメリットについて、わかりやすくアドバイスが受けられる。
・家族と一緒に相談に行くことで、家族間で専門家を交えながら議論などができ、専門家からアドバイスがもらえることで話し合いがまとまりやすい。
・専門家とのコミュニケーションを取ることで、実は家族とコミュニケーションを取ることにもつながる。

つまり、専門家を活用することで制度や商品を理解するのはもちろんのこと、それを通じて家族間のコミュニケーションが図れる場合も多いため、積極的に活用することを心がけると良いと思います。

それにはまず、自分がどうしたいかが重要となります。専門家に「すべてを任せる」のではないことを思い出してください。

Mr. KOTANI's SOLUTION

長寿時代の承継対策は「3つの見える化」ですが、その大前提として「3つのコミュニケーション」が必要になります。長寿時代はコミュニケーションこそが重要な時代とも言えます。

巻末付録

「遺言書」の書式例

主な遺言書の種類について知っておく

自筆証書遺言

特徴としては、**いつでもどこでも、誰にも知られずに自分だけで書ける**ことが挙げられます。全文と作成した日付、氏名を自分で書き（2018年民法改正により財産目録部分に関してはパソコンや通帳の写しなどでの対応が可能になりました）、押印することで作ることができます。ただし、自書によらない財産目録を添付する場合は、財産目録には各ページに署名押印をすることが必須になります。

2020年7月10日より、法務大臣の指定する法務局で**自筆証書遺言を**

保管する制度が施行されます。制度を利用する場合、保管申請時に遺言書の形式要件はその場で確認されるため、形式不備により無効になる心配がなくなります。また、相続発生時には、自筆証書遺言の場合に必要な家庭裁判所での検認手続き（遺言書の形状・日付・署名などを確認し、記録することにより偽造等を防ぐための保全手続きのこと）は不要となります。

気を付けたいのは、**保管制度を申請したときに遺言内容の有効性まで確認されるわけではない**ことです。

保管制度を利用すれば、遺言者の死後、相続人や受遺者は全国にある遺言書保管所で遺言書が保管されているかどうかを調べたり（遺言書保管事実証明書の交付請求）、遺言書の写しを請求したり（遺言書情報証明書の交付請求）することができます。遺言書保管所では遺言書を閲覧することも可能です。

この保管制度を上手に利用することで、従来の自筆証書遺言の弱点とされた形式不備による無効、紛失、偽造や変造などのリスクは大きく改善されます。

自筆証書遺言は、こんな使い方もできます。既に公正証書遺言（次項を参照）を作成しているケースで、内容を変えるため再度公正証書遺言を作成する必要があるときに、作成するまでの間の〝保険〟として、自筆証書遺言を作成しておくのです。新しい公正証書遺言作成までの間に万が一のことがあって、自分の意思と違う遺言が有効とされてしまうことを防ぐためです。

公正証書遺言

公証役場で証人の立ち会いのもと、遺言者が遺言内容を公証人に口述

し、**公証人が作成した遺言書**のこと。特徴としては、内容が明確になり、形式不備などで無効になる恐れが少ないうえ、偽造・隠匿・紛失の心配がないことが挙げられます。

公正証書遺言は作成費用がかかり、証人は2名以上が必要です。別途費用はかかりますが、公証役場で証人を準備してもらうことも可能です。

遺言者自身が遺言の趣旨を公証人に口述し、それを公証人が筆記したものを承認することになりますので、その際の**遺言者の遺言能力に関しても、一定程度、担保される**可能性があります。

遺言は、個別事情によって
全く違うものになる可能性がありますので、
あくまでも参考例としてご案内します。

自筆証書遺言
参考例

《予備的（補充）遺言、付言記載がある》

遺言者：三菱 花子
相続人：子供2名
　　　　長男三菱信一郎、長女三菱信子
財産：自宅、金融資産
配分：自宅は長女信子、
　　　金融資産は長男信一郎、長女信子均等

遺言者　三菱花子は、次の通り遺言する。

1、遺言者は、遺言者が有する次の不動産を、長女三菱信子(○年○月○日生)に相続させる。

なお、長女三菱信子が、遺言者の死亡前に死亡または相続を放棄した場合には、本項によりその者に相続させる財産を長女三菱信子の息子三菱太郎(○年○月○日生)に遺贈する。

予備的(補充)遺言例。

一、土地

所在　東京都○○区○○町○丁目

地番　○番

地目　宅地

地積　○○㎡○

二、建物

所在　東京都○○区○○町○丁目○番

家屋番号　○番

種類　居宅

構造　木造瓦葺2階建て

床面積　1階　○㎡○　　2階　○㎡○

2018年民法改正により財産明細として
パソコンなどでも代用可能となった部分。
記載する場合は別紙「財産明細」を作成して
各ページに署名・押印が必要。

2、遺言者は、次の金融機関における遺言者名義の預貯金、金銭の信託、株式、公社債、投資信託、その他の預託財産のすべてを、遺言執行者をして、すべて換金させたうえで、その換金により得られた金銭を、長女三菱信子に1／2、長男三菱信一郎（○年○月○日生）に1／2の割合で相続させる。なお、長女三菱信子が、遺言者の死亡前に死亡または相続を放棄した場合には、本項によりその者に相続させる財産を長女三菱信子の息子三菱太郎（○年○月○日生）に遺贈する。

【金融機関の表示】

① 三菱UFJ信託銀行（○○支店）

② ○○証券（○○支店）

③ その他の金融機関

3、遺言者は、前項までに記載した以外の遺言者が所有するすべての財産を長女三菱信子に相続させる。
なお、長女三菱信子が、遺言者の死亡前に死亡または相続を放棄した場合には、本項によりその者に相続させる財産を長女三菱信子の息子三菱太郎(〇年〇月〇日生)に遺贈する。

4、遺言者は、本遺言の実現のために遺言執行者として、長男三菱信一郎(〇年〇月〇日生)を指定する。

5、遺言者は、祖先の祭祀を主宰すべき者として、長男三菱信一郎(〇年〇月〇日生)を指定する。

以上

法的効果はないが、
想いを伝える重要な部分。

付言事項

信子・信一郎、2人のおかげで幸せな人生を送ることができました。どうもありがとうございます。2人仲良く相続してくれることを信じています。この遺言を作るにあたっては、信子のことが心配なことから、このような分配としました。信一郎にはすこし少ない分配となっていますが、生前、自宅の購入にあたり購入資金の贈与などをしているので、そのようなことも配慮しています。2人きりの兄弟ですので仲良く支え合って生きてください。本当にありがとう。

令和2年○月○日
東京都○○区○○町○丁目○番○号
三菱 花子印

公 正 証 書

遺言書見本【抜粋】

本見本はあくまで
公正証書遺言をイメージしていただくために
作成したものです。

○○地方法務局所属
公証人　○○○○○○○○

○○○公証役場
〒○○○　○○○○○○○○○○○○○○○○
○○○○○○○○○○○○○○○○
○○○○○○○○○○○○○○○○

※三菱UFJ信託銀行パンフレット「遺言信託[遺心伝心]のご案内」より抜粋

遺　言　公　正　証　書

本公証人は、遺言者○○○○の嘱託により、証人△△△△及び証人□□□□の立会をもって、次の遺言の口述を筆記し、この証書を作成する。

記

第１条

遺言者は、相続開始時に有する次の財産を、遺言者の妻○○○○（昭和○年○月○日生）に相続させる。

１　不動産

（1）土　　地

所　　在	○○市○○町○丁目
地　　番	○○○番
地　　目	宅地
地　　積	○○○.○○平方メートル

（2）建　　物

所　　在	○○市○○町○丁目○○○番地
家屋番号	○○○番
種　　類	居宅
構　　造	○○○○

公証人役場

床面積　1階○○.○○平方メートル

2階○○.○○平方メートル

2　金融資産

(1) 三菱ＵＦＪ信託銀行（本店）

(2) ○○銀行（○○支店）

～中略～

具体的に財産内容を明記することが将来の円滑な相続につながります。

第６条

遺言者は、この遺言（ただし、債務の承継を除く）の実現のために、遺言執行者として次の者を指定する。なお、遺言執行者は必要と認めたときは第三者にその任務を行わせることができる。

東京都千代田区丸の内一丁目４番５号

三菱ＵＦＪ信託銀行株式会社

○○県○○市○○町○丁目○番○号

遺言者　○○○○

昭和○○年○○月○○日生

上記は印鑑証明書の提出によりその人違いでないことを証明させた。

○○県○○市○○町○丁目○番○号

証　人　△△△△

昭和○○年○○月○○日生

公証人役場

〇〇県〇〇市〇〇町〇丁目〇番〇号

証　人　□□□□

昭和〇〇年〇〇月〇〇日生

前記遺言者および証人に読みきかせたところ各自筆記の正確なことを承認し、下にそれぞれ署名捺印する。

〇〇　〇〇　印

△△　△△　印

□□　□□　印

この証書は民法第九六九条第一号乃至第四号の方式により作成し、同条第五号にもとづき本職下に署名捺印する。

令和〇〇年〇〇月〇〇日

〇〇県〇〇市〇〇町〇丁目〇番〇号

〇〇地方法務局所属

公証人　〇〇〇〇〇　印

（付言事項）

皆さんのおかげで、本当に有意義な人生を送ることができました。

～中略～

本当にお世話になりました。ありがとう。

ご自身のお考えを明確に
記しておくことが
円滑な相続のために重要です。

［本書の留意事項］

・意見にあたる部分は著者の見解であり、執筆協力者の意見や三菱ＵＦＪ信託銀行・ＭＵＦＧ相続研究所の見解を代表するものではありません。
・一般的な知識を説明したものであり、特定の商品などの勧誘を目的とするものではありません。
・なるべくわかりやすくするため、大幅に省略・簡略化した表現としています。
・事例はすべて仮名で、さまざまな実例を参考にして新たに創作したものであり、実際のものとは異なります。
・個別的な事情が異なると結論も異なることとなります。個別具体的な案件や法令・税制等の適用については、弁護士・税理士などの専門家にご相談ください。
・令和２年１月31日現在公布されている法令・税制等に基づいて記載しており、法令・税制等は変更になる可能性があります。

おわりに

人生100年の長寿時代を迎えるにあたり、私がまず思ったのは、寿命が延びることに加え、これからの社会構造の変化から、長寿時代の家族はどうあるべきかということです。

私は相続業務に長く従事していますが、その中で痛感しているのが、相続が発生した後の家族関係の難しさです。相続の難しさは何と言っても、遺された家族に「伝えるべき人」がその場にいないことです。

その中で、そもそも均等に分けることが難しく、また、均等が良いとも限らない「財産」を承継します。ゆえに、そこに生前からの家族それぞれの想いが入り込み、事が複雑化します。そして、それを話し合いで決めるとなると、家族間での争い、家族の中で我慢する人が出るなどの歪みが生じます。

結果として、家族関係の断絶や疎遠につながることになります。

遺された配偶者が悲しむことや、家族が崩壊することを望む人はいないでしょう。しかし、それが発生するのが相続です。今後は、長寿化により認知機能の低下期間が長くなるため、想いの所在が不明確になり、今まで以上に家族関係が複雑化するのが目に見えているように思います。

長寿時代への対策として、技術革新の活用や新しい制度、商品の導入が今後見込まれますが、あくまでもそれは方法論の話です。それらをうまく活用する鍵はやはり、家族間の良好なコミュニケーションであり、いい家族関係を保つためには本書第3章の「3つの見える化」や第7章の「3つのコミュニケーション」が重要になると確信しています。

長寿時代は、「家族の絆をもう一度考える時代」です。

それに際して、本書が、読者の皆様の一助になれば幸いに存じます。

最後にはなりますが、本書執筆にあたり対談に快くご賛同いただきました生活設計クルー取締役の深田晶恵様、さまざまなアドバイスなどご協力いただきました弁護士・ニューヨーク州弁護士の中田朋子先生、株式会社オフィス長掛の税理士・長掛栄一先生、また、出版にあたり三菱ＵＦＪ信託銀行の上司・同僚、そして日経ＢＰ経済メディア広告部田中大司氏、ライターの森田聡子氏には、心より感謝申し上げます。皆さんのご協力なくしては本書の完成はありませんでした。大変ありがとうございました。

令和２年２月

ＭＵＦＧ相続研究所　所長　小谷　亨一

MUFG相続研究所 所長

小谷 亨一

三菱UFJ信託銀行 トラストファイナンシャルプランナー。1級ファイナンシャル・プランニング技能士、宅地建物取引士。2012年にリテール受託業務部部長に就任し、遺言の企画・審査・執行業務などに従事。現在、相続・不動産のエキスパートとしてセミナー講師を務める傍らメディアでも活躍している。

—

MUFG相続研究所

人生100年時代における社会的課題（認知機能低下時の資産管理や資産承継等）の領域に関し、MUFGの蓄積してきた知見を生かしながら調査・研究を行う。2020年2月設立。

※MUFG相続研究所は、三菱UFJ信託銀行が、遺産管理・資産承継に関する調査・研究・レポート作成等の業務を対外的に行う際の呼称です。

伝わる心と「3つの見える化」

教科書には書いてない
相続のイロハ

二〇二〇年三月一六日　第一版第一刷発行

著者 ―― 小谷 亨一
発行者 ―― 廣松 隆志
発行 ―― 日経BP
発売 ―― 日経BPマーケティング
〒105-8308
東京都港区虎ノ門4-3-12
装丁・本文レイアウト ― 俣田 潤・但野 理香（エステム）
印刷・製本 ―― 大日本印刷株式会社

https://nkbp.jp/booksQA
ISBN978-4-296-10627-1